성부와 성자
——자본은 어떻게 자본이 되는가

렘브란트, 〈호메로스의 흉상을 보는 아리스토텔레스〉, 1653.
이미 오래전 아리스토텔레스가
'집과 침대의 교환'을 이야기하며 '가치형태론'의 핵심을 포착했다.
그런데도 그는 그것을 '파악'할 수 없었다.
그가 살았던 신분제 사회, 곧 역사적 한계 때문이다.

"그의 두뇌는 심장의 내장이다." 『차라투스트라는 이렇게 말했다』에서 니체가 자유정신의 소유자를 두고 한 말입니다. 마음이 지성보다 우선한다는 뜻인데요. 나는 자유정신의 소유자만이 아니라 모두가 그렇다고 생각합니다.

머리는 마음 가는 쪽으로 가는 법이죠. 공부에도, 연애에도, 전쟁에도, 심지어 사기에도 천재가 있습니다. 마음 쓰이는 곳에 머리도 쓰입니다. 반대로 마음이 내키지 않으면 머리도 돌아가지 않습니다. 마음이 없으면 보아도 보이지 않고 들어도 들리지 않지요.

마르크스는 어떻게 잉여가치 개념에 도달했는가. 그는 어떻게 잉여가치가 잉여노동이라는 것을 알아냈는가. 스미스와 리카도는 왜 그런 생각을 떠올릴 수 없었는가. 마르크스에 따르면 잉여가치가 잉여노동이라는 사실은 두 사람의 이론에서 쉽게 추론해낼 수 있습니다. 아니, 추론조차 필요 없습니다. 이들이 지나치듯 그것을 언급할 때도 있으니까요.

대체로 사람들이 무언가를 보면서도 알아보지 못하고 포착했으면서도 파악하지 못하는 데는 두 가지 사정이 있습니다. 『자본』에서 마르크스가 든 예로는 아리스토텔레스의 경우와 스미스와 리카도의 경우가 있지요.

아리스토텔레스는 집과 침대의 교환에서 가치형태론에 대한 인식에 거의 도달했습니다. 두 상품이 일정 비율로 교환된다는 것은 각각의 상품을 일정액의 화폐로 나타낼 수 있다는 뜻이라고 했습니다. 가치형태론의 핵심을 포착한 겁니다. 그런데도 그것을 파악할 수 없었습니다. 역사적 한계 때문입니다. 그는 신분제 사회에 살았기 때문에 상품들을 생산한 노동의 동질성, 다시 말해 추상노동 관념을 가질 수 없었습니다. 추상노동 관념은 인간 동등성을 전제하는데 신분제 사회에서는 불가능한 이야기죠.

스미스와 리카도의 눈을 가린 것은 역사가 아닙니다. 이들은 노동이 모든 가치의 원천이라고 주장했으면서도 잉여가치가 잉여노동이라는 사실을 파고들지 않았습니다. 자본가의 이윤도 지주의 지대도 노동자가 생산한 가치 중 일부를 공제한 것임을 그들 역시 감지했지만, 더는 파악하려 들지 않은 겁니다. 보면서도 알아보지 못했고 포착했으면서도 파악하지 못했습니다. 이들이 할 수 없었던 이유는 하지 않았기 때문입니다. 그럴 마음이 없었던 거죠. 이들의 두뇌는 심장을 따라 움직였습니다. 지성의 결핍이 아니라 마음의 부재가 원인인 겁니다. 반면에 마음이 있으면 남들이 보지 못하는 것까지 잘 봅니다. 이번 책에는 내가 『자본』에서 가장 중요하다고 생각하는 페이지가 들어 있습니다. 화폐소유자인 자본가와 노동력의 소유자인 노동자가 거래하는 장면인데요. 자유와 평등이 넘치고 소유와 이익이 보장되는 상품유통 영역에서 이루어지는 거래죠. 그런데 마르크스는 등장인물들의 표정만으로 다음에 펼쳐질 장면을 읽어냅니다.

"벌써부터 우리 등장인물들의 안색이 약간 변한 것처럼 보인다."

자본가의 눈빛은 빛나는데 노동자의 눈에는 그늘이 생겼습니다. 자본가는 고개를 쳐드는데 노동자는 주눅 든 얼굴로 주춤주춤 따라갑니다. 노동자는 자신이 가는 곳이 어떤 곳인지 예감하고 있는 겁니다. 마르크스는 그것을 봅니다. 마르크스는 그것을 읽습니다. 어떻게 그럴 수 있었느냐고요? 머리는 마음이 머무는 곳을 향하니까요.

차례

일러두기

- 『성부와 성자—자본은 어떻게 자본이 되는가』는 열두 권의 단행본과
  열두 번의 강연으로 채워지는 〈북클럽 『자본』〉 시리즈의 4권입니다.
  〈북클럽 『자본』〉은 철학자 고병권이 카를 마르크스의 『자본』 I권을
  독자들과 함께 더 깊이, 더 새롭게, 더 감성적으로 읽어나가려는
  기획입니다.

- 『성부와 성자』는 『자본』 I 권 제4장 '화폐의 자본으로의 전화'를
  다룹니다. 〈북클럽 『자본』〉의 출간 목록과 다루는 내용은 아래와
  같습니다. 괄호 안은 『자본』 I권의 차례이며 독일어 판본(강신준 옮김,
  『자본』, 길)을 기준으로 삼았습니다.

  1권(2018. 08) — 『다시 자본을 읽자』
  　　　　　　　　　(『자본』 I권의 제목과 서문 등)

  2권(2018. 10) — 『마르크스의 특별한 눈』
  　　　　　　　　　(『자본』 I권 제1장)

  3권(2018. 12) — 『화폐라는 짐승』
  　　　　　　　　　(『자본』 I권 제2~3장)

  4권(2019. 02) — 『성부와 성자_자본은 어떻게 자본이 되는가』
  　　　　　　　　　(『자본』 I권 제4장)

  5권(2019. 04) — 『생명을 짜 넣는 노동』
  　　　　　　　　　(『자본』 I권 제5~7장)

  6권(2019. 06) — 『공포의 집』
  　　　　　　　　　(『자본』 I권 제8~9장)

  7권(2019. 10) — 『거인으로 일하고 난쟁이로 지불받다』
  　　　　　　　　　(『자본』 I권 제10~12장)

  8권(2019. 12) — 『자본의 꿈 기계의 꿈』

- 〈북클럽『자본』〉에서 저자는 독일어 판본 '마르크스·엥겔스전집'
  *MEW: Marx Engels Werke*과 김수행이 우리말로 옮긴 『자본론』(I,
  비봉출판사, 2015), 강신준이 우리말로 옮긴 『자본』(I, 길, 2008)을
  참고했습니다. 본문 내주는 두 번역본을 기준으로 표기하되
  필요하면 지은이가 번역문을 수정했습니다. 단, 본문에서
  마르크스의 『자본』 원문의 해당 장(章)을 언급할 때, 시리즈의
  3권부터는 독일어 판본을 기준으로 표기하고 영어 판본(김수행
  번역본)이 그것과 다를 경우 괄호로 병기했습니다.

- 〈북클럽『자본』〉은 이전에 없던 새로운 활자체를 사용하였습니다.
  책과 활자를 디자인하는 심우진이 산돌커뮤니케이션과 공동 개발한
  「Sandoll 정체」가족의 530, 630입니다. 그는 손글씨의 뼈대를
  현대적으로 되살려 '오래도록 편안한 읽기'를 위한 본문 활자체를
  제안하였습니다. 아울러 화자의 호흡을 고스란히 드러내는
  문장부호까지 새롭게 디자인하여 글이 머금은 '숨결'까지
  살려내기를 바랐습니다.

1

나비, 날아오르다

————

화폐, 자본으로 변신!

마르크스가 말하는 변신은 물론,
네 개의 팔다리가 여섯 개로 바뀌는
그런 일이 아닙니다. 화폐에서 자본으로,
화폐자산가에서 자본가로 변하는 것은
물질적 변형 없이 일어납니다.
마치 '흑인'이 '노예'가 되는 것과 같습니다.
노예는 흑인의 속성이 아니지요.
어떤 관계, 어떤 배치에 놓이느냐에 따라
모든 인간은 노예가 될 수 있습니다.
'이게 무슨 변신인가' 하는 사람도
있을지 모르겠습니다.
하지만 정말로 변신입니다.
완전히 다른 존재가 되는 것이니까요.

프란츠 카프카의 소설 『변신』 초판(1916) 표지.
『변신』의 주인공 그레고르 잠자처럼,
우리는 '화폐'가 '자본'으로 전화(Verwandlung)하기 시작한 입구에 서 있다.
애벌레였던 화폐자산가는 이제 나비인 자본가로 변신한다.

나비로 깨어나기 전 애벌레는 무슨 꿈을 꿀까요. 만약 꿈때문에 잠에서 깨어난 것이라면 십중팔구 불안한 꿈이었을겁니다. 프란츠 카프카(F. Kafka)가 쓴 소설의 주인공 그레고르 잠자도 그랬습니다. 흉측한 벌레로 변신하던 때이니 그의꿈은 더 불길했을지도 모르겠습니다.

이제 우리는 '화폐'가 '자본'으로 깨어나는 입구에 서 있습니다. 간밤의 불안한 꿈은 역사의 저편에 일단 묻어두겠습니다(시리즈의 마지막 책에서 이 꿈의 원천을 살펴볼 겁니다). 여기서는 화폐에서 자본으로의 기적 같은 변신만을 다루겠습니다. 참고로 우리가 읽는 번역본들은 『자본』 제2편의 제목을 '화폐가 자본으로 전환' 혹은 '화폐의 자본으로의 전화'라고 옮겼는데요. 여기서 '전환' 내지 '전화'라고 옮긴 독일어는 'Verwandlung'인데, '변신'으로 옮겨도 좋은 말입니다. 카프카의 소설 제목과 같지요. 카프카의 『변신』은 한 노동자가 벌레로 변하는 이야기입니다. 그런데 우리가 이번에 다룰 내용은, 마르크스에 따르면 애벌레 화폐자산가가 나비 자본가로변하는 이야기입니다.[김, 218; 강, 250]

∘ 이것은 변신 이야기

물론 마르크스가 말하는 변신이 네 개의 팔다리가 여섯 개로바뀌는 일은 아닙니다. 화폐에서 자본으로, 화폐자산가에서자본가로 변하는 것은 물질적 변형 없이 일어납니다. 이것은'흑인'이 '노예'가 되는 것과 같습니다. 〈북클럽『자본』〉 시리즈 1권(『다시 자본을 읽자』)에서 인용했던 마르크스의 문장을 기억할 겁니다. "흑인은 흑인이다. [그런데] 일정한 관계들에서 그는 노예가 된다."[1] 노예는 흑인의 속성이 아닙니다. 어떤 관계, 어떤 배치에 놓이느냐에 따라 모든 인간은 노예가 될 수 있습니다.

'이게 무슨 변신인가' 하고 생각하는 사람도 있을지 모르겠습니다. 하지만 이것은 정말로 변신입니다. 완전히 다른 존재가 되는 것이니까요. 변신이 일어나면 해당 존재는 전혀 다른 기능을 수행하고 전혀 다른 법칙의 지배를 받습니다.

말(馬)을 예로 들어볼까요.[2] 말은 말입니다. 하지만 인간과 어떤 관계를 맺느냐에 따라 말은 매우 다른 존재가 됩니다. 수렵 내지 목축 관계에서 말은 '음식', 다시 말해 '고기'입니다. 그런데 전쟁 관계에서는 '무기'가 됩니다.

전쟁 수단 즉 '무기'로서 말은 '고기'로서 말과 역사가 다릅니다. 무기로서 말은 유목민족의 발명품입니다. 말은 기마병의 창칼이나 화살에 속도를 더해 운동량을 증진합니다. 상대방의 방패나 갑옷을 박살내도록 말이지요. 일종의 엔진이나 모터라고 할 수 있습니다. 하지만 이제 이런 말은 사라졌습니다. 더 강한 추진력과 파괴력을 가진 무기들이 발명되었으니까요. 그렇다면 고기로서 말은 어떨까요. 그것은 불행히도 여전히 존재합니다. 그뿐 아니라 행사 소품으로서 그리고 도박 수단으로서의 말도 우리 곁에 있습니다.

무기인 말과 고기인 말은 역사만 다른 게 아닙니다. 기능도 다르고 법칙도 다릅니다. 고기일 때는 단백질 양이 사육의 관건입니다. 하지만 무기일 때는 단백질을 늘리는 게 중요하지 않습니다. 오히려 단백질을 줄여야 할 수도 있습니다. 살찐 말이 아니라 빠른 말이 필요하니까요. 언제 얼마만큼 사육할지와 관련해서도 두 말은 다릅니다. 식량의 흐름과 전쟁의 흐름은 다르니까요. 저마다 다른 법칙의 규제를 받습니다.

다시 마르크스의 이야기로 돌아갈까요. 흑인은 흑인입니다. 그런데 노예가 되는 순간 다른 존재가 됩니다. 그가 수행하는 기능, 그를 지배하는 법이 모두 달라집니다. 생물분류학상의 명명에 상관없이 그는 인간이 아닌 존재가 됩니다. 사실상 가축이었죠. 이런 게 마르크스가 말하는 '변신'입니다. 노동생산물이 상품이 되는 것, 금이 화폐가 되는 것, 화폐가 자본이 되는 것 모두가 그렇습니다.

실제로 마르크스가 노예가 된 흑인 이야기를 꺼낸 건 자본으로의 변신에 대해 말하기 위해서였습니다. 그는 해당 문장 뒤에 이렇게 썼습니다. "면방적기는 면방적용 기계다. [그런데] 일정한 관계들에서 그것은 자본이 된다."[3] 기계는 기계입니다. 그런데 자본주의 생산양식 아래서 그것은 자본[고정자본]이 됩니다. 방적기는 생산양식에 상관없이 똑같은 실을 뽑아냅니다만 자본주의 생산양식하에서 실과 방적기는 상품이 되고 자본이 됩니다.

그렇다면 자본이 된다는 건 어떤 것일까요. 화폐는 화폐입니다. 그런데 아무런 물질적 변형 없이 화폐가 자본으로 변신한다는 건 어떤 의미일까요. '화폐로서 화폐'와 '자본으로서 화폐'는 어떻게 다를까요. 이번 책에서 우리가 명확히 해야 할 것은 '자본' 개념입니다. 이것이 이번 책의 주제입니다. 자본이란 무엇인가.

∘ '가치편'에서 '자본편'으로 이행

본격적 논의에 들어가기 전에 시리즈의 지난 책들과 이번 책이 맺는 관계를 간단히 정리해둘까 합니다. 이번 책부터는 편(篇)이 바뀝니다. 『자본』 제1장부터 제3장까지가 제1편이고 제4장(영어판은 제4~6장)이 제2편입니다. 그러니 전체 논의가 어디서 와서 어디로 가고 있는지를 확인해두는 게 좋겠지요.

『자본』 제1편 제목은 '상품과 화폐'입니다. 〈북클럽『자본』〉 2권(『마르크스의 특별한 눈』)에서 나는 『자본』이 '상품'에서 시작하는 이유를 말했습니다. 상품을 이해한다는 것은 상품이 단순 노동생산물과 어떻게 다른지를 이해하는 것입니다. 어느 시대에나 노동생산물은 존재합니다. 하지만 자본주의 생산양식이 지배하는 곳에서 그것은 상품이 됩니다. 물질적 변형 없이 말입니다.

노동생산물과 상품을 구분하는 관건은 '가치'입니다. '가치'를 가진 노동생산물만 상품이 됩니다. 상품이란 가치를 가진 노동생산물인 거죠. 이 점에서 우리는 상품을 가치형태라고도 불렀습니다. 상품은 가치를 나타내는, 가치의 현상형태라고 말이지요. 그러므로 단순 노동생산물과는 다른 그것, '상품'에서 시작한다는 것은 '가치'에서 시작한다는 말과 같습니다. 방금 상품을 이야기했습니다만 이 점에서는 화폐도 다르지 않습니다. 화폐도 일종의 가치형태입니다. 다른 상품들과 화폐를 구분하자면 화폐는 일반적 가치형태라고 할 수 있죠.

즉 제1편에서 마르크스가 다룬 것은 '가치'입니다. '가치'란 자본주의사회에서 사물이나 서비스를 교환하는 기준이며 우리가 늘리고 싶어하는 부(富)의 정체입니다. 우리 시대의 부 개념이라고도 할 수 있습니다. 이것이 먼저 규정되어야 이것을 생산하고 축적하는 이야기를 전개할 수 있겠지요.

제2편은 제목 그대로 '화폐'가 '자본'으로 변신하는 이야기입니다. 우리는 외형 변화 없이 사물의 본성이 달라지는 것을 볼 겁니다. 그리고 사물의 본성 변화에 상응해 그 소유자의 본성도 변하는 것을 볼 겁니다. 화폐자산가와 자본가는 욕망과 행위양식이 매우 다른 인격체입니다.

그런데 제1편의 주제가 '가치'였다는 점에 착안하면, 우리는 제2편의 제목을 '가치에서 자본으로'라고도 읽을 수 있습니다. '화폐에서 자본으로'라고 하면 어떤 극적 변신으로 보이지만 '가치에서 자본으로'라고 하면 논의가 '이제 본격화되는구나' 하는 인상을 줍니다. 논리 전개상 제1편은 제2편에서 이루어질 논의를 위한 선행 작업이라 할 수 있으니까요. '가치' 개념을 정립하지 않고서는 '자본' 개념을 설명할 수 없으니까요. 이제야 이 책의 핵심 개념인 '자본' 안으로 들어설 준비가 된 겁니다.

오해를 막기 위해 말해두자면, '가치'가 '자본'에 선행한 다는 것은 이론적으로 그리고 논리적으로 그렇다는 것입니다. 바꾸어 말하면 현실적으로 또 역사적으로 그런 건 아니라는 이야기지요(《북클럽『자본』》 1권 33~35쪽에서 이에 대해 말한 바 있습니다). 물론 '자본' 개념은 이론적으로 그리고 논리적으로는 '가치' 개념을 전제하지 않고선 설명할 수 없습니다. 하지만 현실적으로 그리고 역사적으로는 '자본'에 기초한 생산양식이 출현하지 않았다면 '가치' 개념 자체도 발전할 수 없었을 겁니다.

『정치경제학 비판 요강』에도 화폐에서 자본으로 이행하는 국면이 있는데요. 마르크스는 말합니다. 이론적으로는 가치 개념이 자본 개념에 선행하지만 가치 개념을 설명하려면 자본에 기초한 생산양식을 가정하게 된다고요. 그래서 경제학자들은 한편으로는 "자본을 가치의 창조자, 가치의 원천"이라고 말하면서 다른 한편으로는 "자본 형성을 위해 가치를 전제"하고 자본을 "일정한 기능을 하고 있는 가치의 합"으로 서술할 수밖에 없었다는 겁니다.

정리하자면 이론적 서술을 위해 제1편은 제2편에 선행해야 합니다. '가치'를 전제해야 '자본'을 설명할 수 있으니까요. 그러나 현실적으로는 제2편 '자본'이 없다면 제1편 '가치'는 존재할 수 없습니다. 조금 더 강하게 말한다면, 이론적으로는 '사본'이 '가치'의 파생물로 보이지만 현실적으로는 '가치'가 '자본'의 파생물입니다. 최소한으로 말해도 '가치'와 '자본'은 동시대 개념입니다.

시리즈의 앞선 책들에서도 여러 번 강조했고 앞으로도 또 이야기할 것 같습니다만 이 점을 잊어서는 안 됩니다. 우리는 자본주의 생산양식이 지배하는, 역사적으로 매우 특수한 사회형태를 전제하고 있습니다. 물론 생산양식의 이행 과정, 그러니까 자본주의가 형성되던 시기에는 '가치'와 '자본' 개념에 대한 좀 전의 이야기가 그렇게 깔끔하게 적용되지 않을 겁니다. 또 자본주의 생산양식이 지배하지 않는 사회형태에서도 교환가치 개념이 부차적으로나마 어떤 기능을 수행할 수 있습니다. 하지만 『자본』의 논의는 자본주의가 이미 역사적으로 정립되어 있음을 전제합니다.[4]

『정치경제학 비판 요강』에서도 마르크스는 자본에 관한 논의를 본격적으로 시작하기 전에 이 점을 강조했습니다. "여기서 우리는 자신의 기반 위에서 운동하는, 완성된 부르주아 사회를 다루고 있다."[5] 이론적이고 논리적인 전개와 역사적 전개는 다른 것이며, 이런 이론이 가능한 사회, 이런 논리가 가능한 사회의 역사적 출현 과정에 대해서는 별도로 다루어야 합니다. 일단은 역사적으로 자본주의가 확고하게 성립되었다는 전제 위에서 논의를 이론적으로 전개하는 것이지요. 이 책이 〈북클럽『자본』〉시리즈 4권인데요. 그동안 이 이야기를 얼마나 했는지 몰라요. 노파심이라고 해야 하나요. 마르크스는 걱정이 많은 사람인가 봅니다. 그의 애정 어린 충고가 잔소리처럼 느껴질 정도니까요. 하지만 달리 생각해보면 사회형태, 생산양식의 역사성이 그만큼 중요하다는 뜻이지요.

◦ '자본'의 출생신고

나는 『자본』 제4장 제1절(영어판은 제2편 제4장)의 첫 단락을 읽고 미소 짓지 않을 수 없었습니다. 마르크스가 출발점의 역사성을 다시 환기하고 있으니까요. 마르크스는 제1장에서 그랬던 것처럼 '출발점' 이야기를 또 꺼냅니다. "상품유통은 자본의 출발점이다." 그러고는 비디오나 TV 프로그램을 시청할 때 맨 먼저 나오는 경고 문구 같은 걸 붙여놓습니다. 출발점은 출발점이기 이전에 역사의 결과물이라고요. "상품생산과 발달된 상품유통, 즉 상업은 자본이 생겨나기 위한 역사적 전제를 이룬다." 자본은 상업을 전제하지만 이 전제 또한 역사적 결과물입니다. 따라서 자본은 역사 바깥, 다시 말해 인간본성이나 자연에서 도출되는 게 아닙니다. 그것은 역사의 특정 시기에 나타난 것입니다. "16세기 세계무역과 세계시장이 형성되면서 자본의 근대적 생활사(Lebensgeschichte)가 시작된다." [김, 191; 강, 225]

이로써 '자본'의 출생신고가 이루어졌습니다. '자본'은 16세기에 태어났다고요. 새로 태어난 존재에게 차마 할 이야기는 아닙니다만, 태어난 것들은 언젠가 죽습니다. 역사적 탄생에는 역사적 소멸이 암시되어 있습니다. 미래 언젠가 '자본' 도 역사의 묘지에 묻힐 겁니다. 그리고 묘비에 생몰 연도가 적히겠죠. 16세기는 그 묘비에 들어갈 출생 연도인 셈입니다.

"자본의 근대적 생활사가 시작된다"라는 문구에서 '생활사'라고 옮긴 말은 독일어 'Lebensgeschichte'입니다. 사전적 의미를 따라 그렇게 옮기긴 했습니다만, '생애'라고 옮기는 편이 낫지 않을까 싶기도 합니다. 자본의 삶, 자본의 생명이 시작되었다는 이야기니까요. 그런데 여기에 쓰인 '생명'(Leben)이라는 말은 '자본'에 대해 마르크스가 갖고 있던 이미지를 말해줍니다. 그는 '자본'을 생물 내지 유기체로 보고 있습니다. 태어나고 성장하고 쇠퇴하고 죽음을 맞이하는 존재, 무엇보다도 매일매일 자신을 재생산하면서 동시에 자식을 낳아 번식하는 존재로 말입니다. 조금 뒤에 보겠지만, 이것은 '화폐로서 화폐'와 '자본으로서 화폐'를 가르는 매우 중요한 이미지입니다.

유기체는 사회형태나 생산양식에 대한 마르크스의 이미지이기도 합니다. 역사적 사회형태나 생산양식은, 마르크스가 제2독일어판 후기(1873)에서 인용한 논평자의 묘사에 따르면, 마치 "식물이나 동물과 같은" 유기체입니다. 실제로 『자본』제1장에서 마르크스는 '사회적 생산유기체'라는 말도 했습니다. 사회형태들은 나름의 골격을 갖고 있습니다. 그 안에 여러 기관들이 있지요. 기관은 전체 구조에 따라, 그리고 기능하는 조건에 따라 일정한 법칙의 지배를 받습니다. 그러나 유기체는 딱딱한 건축물 같은 게 아닙니다. 발생하고 성장하고 쇠퇴하고 소멸하는, 매우 역동적인 것이지요. 개별 요소와 전체 구조만 놓고 보면 1950~1960년대 프랑스 구조주의

자들의 생각과 통하는 면이 있지만, 사회적 유기체에서는 구조 자체가 역사적으로 변형된다는 점에서 차이가 큽니다. 구조주의자들이 생각한 구조에서는 시간이 흐르지 않으니까요.

◦ 16세기에 무슨 일이 있었는가

제2편의 첫 단락에서 마르크스는 자본의 근대적 생애가 16세기에 시작되었다고 했는데요. 제7편(영어판은 제8편)에서는 시기를 좀 더 특정합니다. 본격적인 '변혁의 서곡'은 "15세기 마지막 ⅓기에서 16세기 첫 수십 년 사이"에 연주되었다고요.[김, 984; 강, 967] 희미한 단서를 찾는다면 더 거슬러 올라갈 수도 있다고 했습니다. "14~15세기 지중해 연안의 일부 도시들"에서 "자본주의적 생산의 맹아가 산발적으로 나타났다"라고 말입니다.[김, 980; 강, 984] 아마도 베네치아와 제노바 등 이탈리아 도시를 염두에 둔 것 같습니다. 실제로 자본주의 세계체계 분석을 하는 학자들 중에 이들 도시를 자본주의의 영점 내지 원형으로 간주하는 사람이 있습니다.[6]

도대체 16세기에 무슨 일이 있었던 걸까요. 시초축적을 다룬 제24장의 절 제목들이 무슨 일이 있었는지 말해줍니다. 농민들로부터의 토지 수탈(제2절), 15세기 말 이후의 피수탈자에 대한 피의 입법(제3절), 자본주의적 차지농업가의 발생(제4절), 공업에 대한 농업혁명의 반작용, 산업자본을 위한 구내시장의 조성(제5절), 산업자본가의 발생(제6절)(이상 영어판은 제27~31장). 물론 이 모든 일이 16세기에 일어났다고 할 수는 없습니다. 어떤 일은 그보다 조금 일찍 일어났고 어떤 일은 그보다 조금 늦게 일어났습니다. 이렇게 말해야 할지도 모르겠습니다. 16세기가 조금 길었다고, 15세기 말에서 17세기까지 걸쳐 있었다고 말입니다.

제7편의 다른 곳에서 마르크스는 생산양식 이행과 관련된 예비적 사건들의 또 다른 목록을 제시하기도 했습니다. "아메리카에서의 금은 산지의 발견, 원주민의 섬멸, 노예화, 광산에 생매장, 동인도의 정복과 약탈의 개시, 아프리카 흑인 사냥의 상업화 등이 자본주의적 생산 시대의 서광을 알린다. 이 목가적 과정들이 시초축적의 주요한 계기들이다."[김, 1029; 강, 1007]

붉게 타오르는 새 시대의 이른 아침. 그 붉은색은 누군가에게는 장밋빛이었을 테고 누군가에게는 핏빛이었을 겁니다. 이 이야기는 나중에 하기로 하고요. 일단은 언급된 현상만 다시 나열해보겠습니다. 농민들로부터의 토지 수탈(생산수단을 박탈당한 대규모 노동인구의 발생), 피의 입법, 농지의 상업화, 차지농업가 발생, 아메리카 발견과 귀금속 유입, 동인도와 아프리카에서 인간과 자원 약탈 등등.

이 중에서 마르크스가 특히 중시한 것은 생산수단을 잃은 대규모 노동인구입니다. 그는 말합니다. "모든 변혁들이 획기적이었지만 무엇보다 획기적인 것은 많은 인간이 갑자기 폭력적으로 자신의 생존수단으로부터 분리되어 의지할 곳 없는 무일푼의 프롤레타리아로 노동시장에 투입된 순간이었다.”[김, 981; 강, 964~965]. 16세기에 생산수단을 잃은 노동인구가 집단적으로 나타났다는 사실이 중요하다는 거죠. 그래서 그는 이 사태를 '시초축적'편의 맨 앞 장에서 다루었습니다.

　　마르크스가 생산수단을 잃은 대규모 노동인구의 출현을 먼저 이야기한 것은 그것이 시간적으로 가장 빨랐기 때문이 아닙니다. 매뉴팩처의 확장, 농업혁명과 차지농업가 발생, 아메리카 발견과 귀금속 유입 등은 모두 16세기를 전후해 일어난 일들입니다. 이들의 시간적 전후 관계를 따지는 것은 의미가 없습니다. 서로 맞물려 있기도 하고요. 중요한 것은 '원리'입니다. 조금 뒤에 보겠습니다만, 다른 모든 상품이 존재하더라도 노동력이라는 상품이 존재하지 않으면 자본주의는 원리상 불가능합니다. 그런데 노동력의 상품화를 위해서는 생산수단을 잃은 노동인구의 집단적 출현이 필요합니다.

　　참고로 노동자를 칭하는 독일어 '아르바이터'(Arbeiter)가 처음 등장한 것도 이즈음이었다고 합니다.[7] 광부들은 오랫동안 소규모 독립 장인집단으로 존재했습니다. 동업조합 소속이었죠. 그런데 15~16세기에 상인의 통제 아래로 들어갑니다. 더 많은 금속을 캐려면 더 깊은 곳으로 들어가야 했는데요. 그러려면 돈이 필요합니다. 권양기도 설치해야 하고 지하수도 퍼내야 하니까요. 소규모 장인집단이 이런 비용을 감당할 수는 없었습니다. 큰 상인들이 나타났죠. 그렇게 해서 한쪽은 돈을 대고 다른 한쪽은 노동을 제공하는 형식이 만들어졌습니다. 동업조합원이었던 광부들은 점차 상인에게 종속된 임금노동자가 되었습니다. 이들을 지칭하는 말이 '아르바이터'였습니다. 페르낭 브로델(F. Braudel)의 말처럼 자본과 노동이 조금 때 이르게 조우한 것일 수는 있지만, 자본주의가 출현하던 때에 '노동자'라는 말이 바로 만들어진 것은 확실히 의미심장합니다.[8]

° 지배적 생산양식이 바뀌었다는 증거

16세기에 정말이지 많은 일들이 있었습니다. 그런데 과연 이런 일들이 사회 골격이 바뀐 것을 보여줄까요? 다시 말해 지배적 생산양식[마르크스는 '사회구성체'(Gesellschaftsformation)라는 말도 씁니다]이 바뀌었다는 증거가 될 수 있을까요?

분명 서구인들이 이렇게 집단적으로 아메리카까지 진출한 적은 없었고 이렇게 많은 귀금속을 가져온 적도 없었습니다. 서구 역사에서 땅을 빼앗긴 유랑민의 규모가 이렇게 크고 이렇게 지속적인 경우도 드물 겁니다. 하지만 이런 항변도 가능합니다. 16세기만큼은 아니었다고 해도 서구인들의 지리적 팽창은 과거에도 여러 차례 있었고, 13세기에도 농촌을 떠나 도시로 몰려든 유랑민의 규모가 상당했습니다.

아직 충분하지 않습니다. 새로운 생산양식이 나타났다고 말하기에는 무언가 부족합니다. 자료의 양을 말하는 게 아닙니다. 16세기에 일어난 사건들을 여기서 더 나열할 필요는 없습니다. 앞서 '사회적 생산유기체'에 대해 말하면서, 동일한 현상이라도 전체 구조, 기관의 다양성, 기관이 기능하는 조건에 따라 완전히 다른 법칙의 지배를 받는다고 했는데요. 바로 이것을 보여주어야 합니다.

　신체가 바뀌었다는 것은 이런 겁니다. 똑같은 앞다리라 해도 인간의 신체에서는 잡는 기능을 수행하지만 새의 신체에서는 나는 기능을 수행하고 고래의 신체에서는 헤엄치는 기능을 수행합니다. 똑같이 '나는' 기능을 수행한다 해도 곤충의 날개와 새의 날개는 다르며, 똑같이 '헤엄치는' 기능을 수행하지만 물고기의 지느러미와 고래의 지느러미는 다릅니다. 발생 기원이 다르고(전자는 피부의 변형이고 후자는 앞다리의 변형이죠), 다른 기관들과 맺는 관계도 다릅니다. 동일한 인간의 손이라 해도 시각장애인이 되었을 때는 또 다릅니다. 시각장애인에게 손은 '읽는' 기관이기도 하니까요. 손으로 점자를 읽을 때 그의 뇌에서는 실제로 시각 영역이 활성화됩니다.

　동일한 사물, 동일한 기관이 전혀 다른 기능을 수행한다는 것. 동일한 현상이 전혀 다른 법칙의 지배를 받는다는 것. 이를 보여줄 수 있을 때 우리는 신체가 바뀌었음을 인정할 수 있습니다. 새로운 생산양식에 돌입했다는 것 말입니다.

　〈북클럽『자본』〉3권에서 말한 화폐가 그런 예일 수 있습니다. 마르크스는 화폐와 전통적 공동체의 긴장관계에 대해 말한 바 있습니다. 일반적 교환수단으로서 화폐는 공동체들 사이에서만 존재할 수 있었습니다. 화폐를 발달시킨 상업 민족들은 공동체들 사이를 오가며 생활했습니다. 이들은 공동체들과 갈등을 겪을 때마다 몰락했습니다. 그런데 언제부터인가 이들이 아니라 공동체가 몰락했습니다. 이런 게 '사건'이죠. 화폐가 해체적으로 기능하는 생산양식이 있는가 하면 화폐가 생산적으로 기능하는 생산양식도 있는 겁니다. 마르크스에 따르면 임금노동과 함께 있을 때 화폐는 생산적이지만, 임금노동이 존재하지 않았던 고대 공동체에서는 해체적으로 기능했습니다.[9]

똑같은 사물이 해체적일 수도 있고 생산적일 수도 있습니다. 15~16세기 에스파냐를 망하게 했던 화폐는 16~17세기 다른 유럽 국가들을 부강하게 만들었습니다. 마르크스는 이렇게 말했습니다. "에스파냐처럼 화폐가 유통에서 유래하지 않고 그 자체로 발견되는 곳에서는 화폐가 민족을 가난하게 만드는 반면, 에스파냐인들로부터 화폐를 받기 위해 노동해야 하는 민족들은 부의 원천을 발전시키고 실제로 풍요로워진다."[10] 두 유형을 가른 것은 시간의 차이가 아니라 생산양식의 차이입니다.

앞서 마르크스는 자본주의적 생산 시대의 새벽에 일어난 사건들로 아메리카, 아프리카, 동인도의 정복을 언급했는데요. 사실 서구의 지리적 확장은 11~13세기에도 있었습니다. 유럽 안에서 정복전쟁이 있었고요, 유럽 밖으로 나간 십자군 원정도 있었지요. 하지만 이런 정복과 팽창은 자본주의 생산양식을 낳기는커녕 마을을 공동화하거나 황폐화했습니다. 소위 폐촌화가 나타났죠.[11] 지리적 진출이 공동체의 생산을 증대시킨 게 아니라 오히려 생산기반을 무너뜨린 겁니다.

귀금속 유입도 그렇습니다. 과거에도 귀금속을 모으려는 노력은 있었습니다. 우리는 지난 책에서 귀금속의 막대한 유입이 16세기 유럽에서 '가격혁명'을 불러온 것을 살펴본 바 있습니다. 하지만 중요한 것은 귀금속의 유입 자체가 아니라 용도입니다.[12] 과거에도 축장된 귀금속이 있었지만 자본이나 화폐로 본격 유통되지는 않았습니다. 중국과 인도의 황제들도 귀금속을 모았지만 그것을 상업이나 산업 용도로 쓰지는 않았습니다. 화폐상품이 아니었기에 귀금속 유입으로 인한 물가폭등도 나타나지 않았고요. 그러므로 새로운 것은 용도와 기능입니다. 귀금속이 신분과 지위를 과시하는 장식품이 아니라 하나의 상품으로, 그것도 화폐상품으로 기능한 것이지요. 왜 금은의 기능이 이렇게 바뀌었을까요. 지배적 생산양식이 변했기 때문입니다.

『자본』제2편의 첫 문장은 자본의 출발점으로서 상품유통을 전제하고 있습니다. 마르크스는 상업을 자본 성립을 위한 역사적 조건이라고 했지요. 두 가지 측면에서 이 말을 이해할 수 있습니다. 우선, 자본주의 생산양식은 재화를 상품으로서 생산하는 사회입니다. 그리고 상품을 생산한다는 것은 상업과 상인이 존재한다는 뜻이지요. 다음으로, 현실적으로 자본은 일정 규모의 화폐에서 시작할 수밖에 없습니다. 나중에 보겠지만 자본은 그저 축적된 화폐[가치합]와는 다릅니다. 하지만 누군가가 자본을 투입한다는 것은 그에게 일정 규모의 돈이 '쌓여' 있었다는 뜻이기도 합니다. 자본주의가 출현도 하기 전에 누가 이처럼 돈을 쌓아둘 수 있었을까요? 자본주의 이전에도 존재했던 대상인이나 고리대금업자일 수밖에 없을 겁니다.

그런데 『자본』Ⅲ권에서 마르크스는 이 두 가지 사실을 지적하면서도 상인자본의 발전이 그 자체로는 자본주의 생산양식으로의 이행을 말해주지 못한다고 했습니다. 오히려 자본주의 발전을 저해한 경우가 많았다고 했지요. 상인자본이 우세한 곳은 시대에 뒤처져 있고, "영국의 근대사에서 진정한 상인 신분과 상업도시는 정치적으로 반동적이었으며 토지귀족이나 금융귀족과 동맹하여 산업자본에 대항하는 것으로 나타났다"라고 했습니다.[13]

상인자본이 산업생산과 무관하게 발전했던 시절, 상인자본은 산업자본주의 출현을 저해했다는 것인데요. 영국에서만 있었던 일이 아닙니다. 마르크스에 따르면 "베네치아인, 제노바인, 네덜란드인 등이 수행한 중개무역의 역사"에서도 이를 볼 수 있습니다. 이 상인들의 부는 자국 생산물을 수출해 얻은 게 아닙니다. "상업적으로 미달한 공동체들 사이의 교환을 매개함으로써, 그리고 쌍방의 생산국들을 수탈함으로써 얻어진 것"이죠.[14] 상인들은 자신들이 매개하는 공동체 양쪽 모두에 바가지를 씌워 이익을 얻었습니다. 사실 이건 너무 완곡하게 말한 것이고 실제로는 도둑질과 약탈, 노예사냥으로 이익을 봤죠. 상업이 발전한다고 산업이 발전하고 노동자가 증대하는 것은 아닙니다. 고대 로마에서도 그랬습니다. 마르크스에 따르면 로마 공화정 후기에 상인자본이 높은 수준으로 발전했지만 산업은 조금도 발전하지 못했습니다.[15]

고리대자본에 대해서도 비슷한 이야기를 할 수 있습니다. 고리대자본의 발전은 산업발전에 기여하기보다 그것을 저해하는 때가 많았습니다. 고리대로 인해 평민들은 노예로 전락하기 일쑤였습니다. 마르크스는 로마 귀족들이 전쟁으로 얻은 구리를 평민에게 대부하고 이자를 받았을 때 평민들이 어떻게 채무노예로 전락하게 되었는지를 언급한 적이 있는데요.[16] 산업자본주의가 정착된 이래 금융은 산업발전을 위한 필수 조건이 되었습니다만, 금융이 발전했다고 자본주의로 역사적 이행이 나타났다는 말은 할 수 없습니다.

우리가 이 시리즈의 마지막 책에서 다룰 산업자본가의 발생에 관한 장(제24장 제6절, 영어판은 제31장)에서 마르크스는 이런 이야기를 합니다.[김, 1027; 강, 1005~1006] 근대는 중세로부터 자본의 두 가지 독특한 형태를 물려받았다. 그것은 상인자본과 고리대자본이다. 하지만 중세의 사회구성체에서 그것은 산업자본으로 전환할 수 없었다. 왜일까요. 사회 골격이 그런 전환을 허용하지 않았기 때문입니다. 농촌의 봉건제도와 도시의 길드제도에서는 그 일이 일어날 수 없었습니다.

다시 말하지만, 변신이란 이런 겁니다. 자본 형성에 역기능적이었던 것이 순기능적으로 변하는 것. 사회 전체의 골격이 변하는 거죠. 마르크스가 "자본의 근대적 생활사가 [16세기에] 시작되었다"라고 말한 것은 이런 의미입니다. 지배적 생산양식이 바뀌었습니다. 앞으로 펼쳐질 자본에 대한 이야기는 자본주의라고 하는 새로운 생산양식이 출현했다는 전제에서 하는 이야기입니다.

◦ 돈을 가진 자가 승리했다

자본의 등장은 그 인격적 구현인 자본가의 등장이기도 합니다. 16세기에 자본의 생활사가 시작되었다고 했지만 엄밀히 하자면 이행이 시작된 것이지요. 이때의 일들은 신호이고 조짐이며 서곡이고 새벽입니다. 일상에서 자본가가 하나의 사회적 계층으로 등장한 것은 자본주의가 본격화된 이후입니다. 빨라도 17세기 후반, 조금 여유 있게 본다면 18세기 중반은 되어야 할 겁니다.

브로델에 따르면 자본가 즉 '카피탈리스트'라는 말이 처음 출현한 문서는 17세기 중반에 간행된 『네덜란드 상업신문』인데요.[17] 두 차례의 용례가 발견되었다고 합니다. 상업신문에서도 그리 드물게 썼으니 일상에서는 거의 쓰이지 않았다고 봐야겠죠. 그런데 18세기 중반이 되면 친구와 주고받는 편지에서도 발견될 정도로 이 말이 널리 쓰입니다.

루소가 1759년에 친구에게 보낸 편지에 이런 구절이 있습니다. "나는 대귀족도 아니고 자본가도 아니네. 나는 가난하지만 행복하다네."[18] 이 한 구절은 당시 자본가에 대해 몇 가지 사실을 말해줍니다. 먼저 자본가가 대귀족과 나란히 거론되었습니다. 대귀족만큼은 아닐지 몰라도 상당한 사회적 지위를 누렸음을 알 수 있습니다. 루소가 자본가와 대비해 "나는 가난하지만"이라고 쓴 걸 보면, 당시 자본가는 꽤나 잘나가는 부류였던 것 같습니다. 그런데 루소가 곧바로 "나는 가난하지만 행복하다"라고 한 걸 보면 자본가를 존경하지는 않았던 것 같습니다. 브로델에 따르면 18세기 말 용례에 기초해볼 때 "자본가라는 말은 대체로 돈을 가지고 있으면서 그것을 이용해서 더욱 많은 돈을 벌려는 사람"을 뜻합니다.[19] 돈으로 돈을 버는, 한없는 탐욕을 가진 사람이라는 느낌을 줍니다. 현실적으로는 부러움의 대상이었겠지만 도덕적으로는 평판이 좋지 않았던 것 같습니다.

'자본가'보다 먼저 일반화된 말은 '화폐자산가'입니다. 자본이 '일정 규모의 돈'에서 시작하듯이 자본가도 처음에는 '돈 많은 사람'에서 시작했다고 하겠습니다. 앤 여왕 시대, 그러니까 18세기 초 영국인들은 이들을 '머니드맨'(moneyed men)이라고 불렀습니다. 실제로 당시 영국에서는 대외교역을 기반으로 화폐 형태의 자산을 축적한 사람들이 급증했습니다. 자산 규모도 무척 컸고요. 역사학자 피에르 빌라(P. Vilar)에 따르면, 17세기 말 영국에서는 '머니드맨'이 '랜디드맨' (landed men)에 승리를 거두었습니다.[20] '돈을 가진 자들'이 '땅을 가진 자들'을 눌렀다는 이야기입니다.

베르너 좀바르트(W. Sombart)도 『사치와 자본주의』 *Luxus und Kapitalismus*라는 책에서 같은 이야기를 했습니다.[21] 그는 변화를 극적으로 보여주기 위해 두 가지 자료를 제시했는데요. 하나는 1688년의 그레고리 킹(Gregory King)이라는 사람의 자료이고, 다른 하나는 1758년 영국 남해회사(The South Sea Company)의 기록입니다. 17세기 말과 18세기 중반을 비교하는 것인데요.

※상인과 지주의 연평균 수입에 대한 그레고리 킹의 기록(1688)

①상인──해상 대상인 : 400파운드(약 2000명)

　　　　육상 대상인 : 200파운드(약 8000명)

②지주──세습귀족 : 2800파운드(160명)

　　　　교회귀족 : 1300파운드(26명)

　　　　준남작 : 880파운드(800명)

　　　　나이트 : 650파운드(600명)

　　　　에스콰이어 : 450파운드(3000명)

　　　　젠틀맨 : 280파운드(12000명)

※남해회사 지배인들의 연소득(1758)

· 20만 파운드 이상─2명

· 10만~20만 파운드─5명

· 5만~10만 파운드─5명

· 2만 5000~5만 파운드─10명

17세기에 작성된 킹의 자료를 보면 귀족의 재산이 상인의 재산보다 훨씬 많다는 걸 알 수 있습니다. 귀족의 재산이 많다는 건 토지에서 나온 수익이 크다는 뜻입니다. 그러나 18세기가 되면 상황이 달라집니다. 17세기 세습귀족의 소득은 18세기 남해회사 지배인들의 소득에 상대가 되지 못합니다. 100배 가까이 차이가 납니다.

물론 1688년과 1758년 사이의 물가상승을 고려해야 하고, 무엇보다 18세기 초의 금융 팽창을 고려해야 합니다. 이때 잉글랜드은행과 프랑스왕립은행이 설립되었습니다. 전쟁과 식민지 건설을 매개로 각종 채권과 주식도 발행되었고요. 사실상 '묻지 마 투자'가 이뤄지던 때이기도 합니다. 대규모 금융투기 사건이 이어졌죠. 프랑스에서는 '존 로(J. Law) 사건' 이 있었고, 영국에서도 '남해회사 사건'이 있었습니다(로는 왕립은행을 설립하고 조세징수까지 맡았던 인물입니다. 그가 독점적 무역회사를 세우자 회사 주식이 500리브르에서 1만 8000리브르까지 폭등했습니다. 그러나 얼마 지나지 않아 이 회사의 수익과 은행권의 태환을 의심하는 사람들이 늘었고 결국 파산했습니다. 이 파산이 몰고 온 충격이 어찌나 컸던지 프랑스에서는 그 후 한동안 은행권 사용은 물론이고 은행 설립 자체가 불가능했다고 합니다. 영국의 남해회사 사건도 비슷합니다. 남해회사가 의회로부터 남미 무역 독점권을 따내자 이 회사의 주식이 6개월 만에 128파운드에서 1000파운드로 뛰었습니다. 그러나 얼마 후 거품이 터지면서 영국의 주식시장이 붕괴될 정도로 큰 충격을 받았습니다).[22]

이 시기의 대규모 금융투기 사건들은 자산 평가에 거품

이 많았음을 시사해주지만 동시에 기본 자산이 부동산에서 동산으로 급속히 전환되고 있음을 보여주기도 합니다. 이 시기 '땅을 가진 자'와 '돈을 가진 자'의 세력관계를 더 명확히 보려면 금융자산가들만이 아니라 지주들의 수익도 별도로 제시해야 할 겁니다. 하지만 그럴 필요는 없습니다. 지주들 자신이 상업에 뛰어들었으니까요. 이미 16세기에도 지주가 땅에서 거둔 수익 중에는 상품 판매로 얻은 것이 꽤 됩니다. 그러니까 상업 작물을 재배하거나 양모 생산을 위해 경작지를 목초지로 전환한 경우가 많았어요. 그래서 이매뉴얼 월러스틴 (I. Wallerstein)은 "16세기에 이르면…… 귀족구성원들은 기업가가 되었다"라고 말합니다. 시간이 좀 더 흐른 뒤에는 아예 "부르주아지와 귀족 사이에 구분선을 긋는 것 자체가 어렵게" 되었습니다.[23] 성공한 부르주아지는 귀족에 다가갔고 귀족은 투자가가 되었으니까요.

결국 '돈을 가진 자'가 승리했습니다. 이는 화폐자산가인 부르주아지가 토지자산가인 귀족을 지배하게 되었다는 이야기가 아닙니다. 귀족도 이제는 '돈을 가진 자'니까요. '돈을 가진 자'가 지배자의 새로운 형상이 되었다는 의미입니다. 자본가가 지배자의 형상이 된 것은 자본주의가 지배적 생산양식이 되었다는 것의 사회적 표현이라 할 수 있겠습니다. 자본가는 자본의 인격적 구현체이니까요.

◦ 돈에는 임자가 없다

화폐자산가의 승리는 단지 한 집단의 성공 스토리가 아닙니다. 그것은 사회 전체의 변형에 대한 이야기입니다. 이 시리즈의 3권 『화폐라는 짐승』에서 마르크스가 화폐와 공동체에 대해 한 말을 내가 인용했던 것을 기억할 겁니다. "화폐 자신이 코뮌이 아닌 곳에서 화폐는 코뮌을 해체해야 한다."[24] 앞서 우리는 화폐가 생산양식에 따라 해체적 역할을 할 수도 있고 생산적 역할을 할 수도 있음을 짚어봤는데요. 이는 인간관계에도 그대로 적용됩니다. 화폐가 자산의 기본 형태인 사회, 화폐가 사물과 사물, 사람과 사람을 매개하는 사회는 그렇지 않은 사회와 완전히 다릅니다.

　　마르크스도 『자본』 제4장의 첫 번째 주석에서 이 점을 간단히 언급합니다. 참고로, 『자본』을 읽을 때 주석을 눈여겨보세요. 마르크스가 어떤 문헌들을 참조했는지 알 수도 있고, 무엇보다 논의 전개상 본문에 넣을 수 없었던 이야기를 주석으로 달아두는 경우가 많거든요. 그가 지나가면서 슬쩍 흘려놓는 이야기들은 『자본』을 읽어가는 정신의 여정에서 기분 좋은 호기심을 불러일으키는 샛길 역할을 합니다.

　　다시 첫 번째 주석을 볼까요. 여기서 마르크스는 토지자산에 기초한 권력과 화폐자산에 기초한 권력의 차이를 말하고 있는데요. 두 개의 프랑스 속담을 인용했습니다.〔김, 191, 각주 1; 강, 225, 각주 1〕하나는 "영주 없는 토지는 없다"이고요. 다른 하나는 "돈에는 주인이 없다"라는 말입니다. 세상에 임자 없는 땅은 없지만, 돈에는 임자가 따로 없다는 거죠. 여기서 '주인'은 '소유'와 관련된 것이면서 동시에 '지배'와 관련된 것입니다. 무엇을 어떤 식으로 소유하는가는 누구를 어떤 식으로 지배하는가와 밀접히 관련됩니다. '토지 소유 권력'이 '인격적 지배 및 예속 관계'에 근거한다면 '화폐'의 권력은 비(非)인격적인 것입니다.

시리즈의 지난 책에서 다루었던 마르크스의 언급, 화폐에 대한 언급을 환기하고 싶은데요. 마르크스는 화폐를 "타고난 평등주의자"라고 불렀습니다.[김, 111; 강, 150] 화폐는 귀족과 천민을 알아보지 못합니다. 신분은 높은 것이 중요하지만 화폐는 많은 것이 중요합니다. 화폐는 영토도 넘나든다고 했습니다. 화폐는 세계시민처럼 이곳저곳을 돌아다닙니다. 마르크스가 화폐상품의 기원을 공동체 사이를 오간 상업민족이나 고유한 영토 없이 돌아다니던 유목민족에서 찾았던 이유가 여기 있습니다.[김, 116; 강, 155]

한마디로 화폐는 신분과 영토에 근거한 권력과 상충합니다. 그렇다면 화폐가 자산의 기본 형태가 되었다는 것은 무엇을 의미할까요. 돈에는 임자가 따로 없다는 말은 돈은 신분을 몰라본다는 말과 다르지 않습니다. 돈은 가진 사람이 임자지 임자인 사람이 미리 정해져 있지 않습니다. 임자가 미리 정해져 있는 것, 지배자가 미리 정해져 있는 것, 그것이 신분제 사회죠. 돈이 기본 자산이 되었다는 것은 신분제 사회가 끝났다는 의미입니다.

땅을 부동산이라고 하는데요. 부동산의 부동성은 신분제 사회에서 인간관계의 성격이기도 했습니다. 인간은 단단한 끈들로 신분에 예속되어 있었습니다. 그러나 마르크스가 『공산주의자선언』에서 말한 것처럼,[25] 이제 모든 단단한 것은 해체되고, 모든 신분적인 것은 증발되며, 모든 신성한 것은 모독당합니다. 그리고 신분적 예속의 끈이 끊어진 자리에 얼음물보다 차가운 '금전 관계'라는 것이 들어서지요. 물론 예속이 사라졌다는 건 아닙니다. 예속의 성격이 바뀐 것이지요. 인격적 예속에서 비인격적 예속으로.

∘ 계몽되지 않은 저능아 vs 돈만 아는 저질

인간관계의 이런 전환이 쉽게 일어나지는 않았을 겁니다. 자본주의 생산양식으로의 이행은 사물에 대한 가치판단이 변하는 것이자 사람을 대하는 태도가 변하는 것이고 조상과 신에 대한 믿음이 변하는 것이었을 테니까요. 가치와 도덕, 신앙의 전환이 아무런 충돌 없이 이루어지지는 않았을 겁니다. 『자본』에는 귀족과 부르주아지의 가치관 충돌을 다루는 부분이 따로 없는데요. 정치경제학을 처음 공부하던 때에 마르크스는 둘의 대립을 재밌게 묘사했습니다. 마르크스는 자본가를 '인격화된 자본'이라고 불렀는데요.[김, 199; 강, 233] 자본가의 캐릭터를 이해하는 것은 자본의 성격을 이해하는 것이기도 합니다. 귀족과 대립하는 부르주아지의 성격이 어떤 것인지 잠시 보고 가죠.

내가 여기서 인용하는 것은 『경제학 철학 초고』(1844)의 한 대목입니다.[26] 마치 연극의 한 장면처럼 구성되어 있는데요. 토지소유자인 귀족과 화폐소유자인 부르주아지가 서로를 욕합니다. 먼저 귀족이 부르주아지를 어떻게 소개하는지 들어볼까요. 저놈은 어제까지만 해도 내 노예였는데 자유의 몸이 되고 나서 돈을 벌더니 이제는 아주 오만방자해졌어. 그러자 이번에는 부르주아지가 귀족을 소개합니다. 어제까지 내 주인이었던 자인데 게을러서 아무 일도 할 줄 모르고 오로지 자기만 알고 남에게는 잔혹한 짓도 서슴지 않는 인간이지.

그러자 귀족이 자신을 다시 소개합니다. 너 같은 놈은 아무것도 모를 거야. 조상 대대로 내려온 땅의 고귀함과 신성함에 대해, 전통과 풍습의 아름다움에 대해, 우리가 추억하는 과거의 아름다움과 우리가 써내려간 시에 대해, 우리가 펼쳐온 통치의 의미에 대해 네깟 놈이 뭘 알겠는가. 그러고는 화폐자산가를 향해 욕설을 쏟아냅니다. 이 돈만 아는 악당, 교활한 놈, 돈만 되면 무엇이든 다 팔아 치우려 드는 놈, 거간꾼이자 사기꾼이며 탐욕적이고, 돈만 있으면 다 된다고 생각하는 놈, 순종을 모르고 반항만 하는 놈, 심장도 영혼도 없는 놈, 공동체를 파괴하려 드는 놈, 심지어 공동체 자체도 흥정하고 거래하는 놈, 노예근성을 가진 놈, 아양 떠는 놈, 영악하고 이익에 민첩한 놈, 삭막한 놈, 모두를 경쟁으로 내몰며 사회적 빈궁과 범죄를 키우는 놈, 모든 사회적 끈들을 다 끊어버리는 놈, 명예도 모르고, 원칙도 시도 실체도 아무것도 모르며, 아무것도 갖지 못한 놈.

　이제 부르주아지가 귀족을 향해 반격에 나섭니다. 자신이 누구인지도 모르는, 계몽이 되지 않은 저능아, 도덕적인 자본과 자유로운 노동의 세계에 부도덕한 폭력과 예속적 농노제를 다시 놓고자 하는 어리석은 인간. 실제로는 무능력하고 탐욕적이고 향락적이며 이기적이고 제 자신의 특수한 이해에 매몰되어 있으면서도 마치 솔직하고 우직하고 보편적이며 영원성을 추구하는 것처럼 속이고 은폐하는 놈. 아름다운 추억과 시라고? 너희의 저열하고 잔혹하며 비열하고 파렴치한 짓들을 나열하면 끝도 없을 것이다.

　아마도 시간만 허락된다면 둘의 욕설은 한없이 이어질 겁니다. 하지만 역사적 승리를 움켜쥔 것은 부르주아지였습니다. 화폐자산가인 부르주아지는 '오늘'을 차지했고 토지 귀족들을 '어제'로 보내버렸습니다(물론 상당수 귀족들이 부르주아지로 변신한 뒤 '오늘'에 승선했다는 걸 잊지 말아야겠지요). 재미있는 것은 마르크스의 말입니다. 둘 사이의 격렬한 욕설을 소개하면서 그는 이렇게 말했습니다. "둘은 서로에 대해 진실을 말하고 있다."[27]

　∘ 최초의 출발점이 아니라 매일매일의 출발점에서
첫 장에서 꽤 길게 이야기를 했습니다만, 이것이 『자본』 제4장 첫 단락에 있는 "자본의 근대적 생활사가 시작된다"라는 문장 하나에 대한 나의 풀이입니다. 제4장에서 드디어 '자본'

이 등장하는데요. 첫 단락은 자본에 관한 논의에 들어가기 전에 출발점의 역사적 전제를 재확인한 것입니다. 논리적으로는 '자본'이 이제 등장하지만, 사실 우리는 제1장부터 '자본'의 역사적 출현을 전제해왔습니다. 제1장 첫 문장에서도 이 점을 확인한 바 있지요. 우리는 '자본주의 생산양식이 지배하는 사회'에 살고 있다고요. 논리적으로 우리는 상품(제1장), 교환과정(제2장), 화폐(제3장)를 거쳐 자본(제4장)에 이르렀지만 이 개념들은 모두 동시대적입니다.

그러므로 '화폐'에서 '자본'으로 넘어가는 것이 시대를 넘어가는 것은 아닙니다. 자본주의 이전 생산양식에서 자본주의 생산양식으로 이행하는 일이 아니라는 겁니다. 이미 우리에게는 자본주의 생산양식이 전제되어 있습니다. 우리 시대의 화폐는 매일매일 자본으로 변신합니다. 따라서 우리는 마르크스의 말처럼 "굳이 자본의 발생사를 돌아볼 필요가 없"습니다. "똑같은 역사가 매일 우리 눈앞에서 펼쳐지고 있으니까"요.[김, 191; 강, 225~226] '자본'을 설명하기 위한 출발점으로 상정한 상품과 화폐의 유통은 우리가 매일 볼 수 있는 상품과 화폐입니다. 우리는 곧이어 일정액의 돈이 자본이 되는 것을 볼 텐데요, 이 돈을 해명하기 위해 소위 '시초축적'의 시기로 거슬러 가지 않아도 됩니다. 지금도 어디선가 일정액의 돈이 '자본'으로서 생애를 시작하고 있을 테니까요.

비유하자면 이런 겁니다. 우리는 '아이'를 낳아서 '아버지'가 되는 어떤 사람에서 시작할 것인데요. 이 '아버지'는 태초의 '아버지'일 필요가 없습니다. 아담은 카인을 낳아 인류 최초의 아버지가 되지만, 아이를 낳았을 때 비로소 아버지가 된다는 것을 말하기 위해, 굳이 아담을 떠올릴 필요는 없겠지요. 단지 아이를 낳는 사람으로서 아버지이기만 하면, 우리는 어떻게 한 사람이 아버지가 되는지에 대한 이야기를 시작할 수 있습니다. 물론 우리 논의의 출발점에 선 아버지도 누군가의 아이였겠지요. 하지만 우리는 모르는 척할 겁니다. 그를 그냥 장차 아버지가 될 사람으로서만 다룹니다. 그럼 이제 한 남자가 어떻게 아버지가 되는지, 다시 말해 화폐가 어떻게 자본이 되는지에 대한 이야기를 시작하겠습니다.

2

돈을 낳는 돈

그들의 돈은 돌아온다

돈을 화폐로 쓸 때와
자본으로 쓸 때의 차이가 뭘까요?
마르크스는 말합니다.
자본으로 쓸 때 우리는
돈이 돌아온다는 감각을 갖고 있다.
돈을 쓸 때, 나는 이 돈을 내버리는 게 아니며
이 돈은 내게 되돌아온다는 것을
알고 있다는 것이지요.
마치 농부가 봄날에 씨를 뿌리면서
그 씨가 가을에 돌아온다고 생각하는 것처럼요.
봄날의 한순간만 보면 씨를 땅에 버리는 것 같지만
실제로는 버리는 게 아닙니다.
누구보다 농부가 둘의 차이를 감각적으로,
그리고 경험적으로 알고 있습니다.

캉탱 마시, 〈고리대금업자들〉, 1520.
돈을 낳는 돈에 대한 거부감은 중세 서구인들에게도 있었다.
13세기의 한 텍스트에 따르면, "고리대금업자는 돈이 돈을 낳을 것을 원함으로써
마치 수말이 수말을 낳고 수노새가 수노새를 낳기를 바라는 것과 같은
반자연적 죄를 범한다".

○ '화폐로서 화폐'와 '자본으로서 화폐'

화폐는 화폐입니다. 하지만 어떤 관계에서는 자본이 됩니다. 화폐인 화폐도 있지만 자본인 화폐도 있다는 거죠. 둘은 어떻게 다른가. 자본은 상품과 화폐의 유통을 전제한다고 했으니 여기서 시작해볼까요.

마르크스에 따르면 '화폐로서 화폐'와 '자본으로서 화폐'는 유통형태에서 차이가 납니다. '화폐로서 화폐'의 형태는 이렇습니다. W-G-W[W는 상품(Ware)을, G는 화폐(Geld)를 나타냅니다]. 반면 '자본으로서 화폐'의 형태는 G-W-G입니다. 물론 '자본' 개념을 아직 정의하지 않았기 때문에 두 번째 형태의 '화폐'(G)를 지금은 '자본'이라고 부를 수 없습니다. 잠정적으로만 그렇게 말해두는 겁니다.

두 형태의 차이가 느껴지세요? 전체적으로는 비슷한데 배열이 대칭적입니다. 앞의 것은 상품을 판매한 뒤 그 돈으로 다른 상품을 구입한 것이고요, 뒤의 것은 상품을 구입한 뒤 그 상품을 팔아서 다시 돈을 받은 것입니다.

그런데 두 형태가 그렇게 많이 다른가. 둘의 차이를 말하기 전에 먼저 이 점을 환기해두고 싶습니다. 사물이 어떤 순서로 어떻게 배열되는가는 정말로 중요합니다. 인간이 노예가 되고 화폐가 자본이 되는 것이 이와 무관치 않습니다. 여담입니다만, 고대 원자론에 대한 박사학위 논문을 쓸 당시 마르크스는 로마 시인 루크레티우스(Lucretius)한테 매료되었는데요. 논문 작성에 참고하려고 시의 주요 부분을 노트에 옮겨 적기까지 했습니다. 이 시에서 루크레티우스는 동일한 원자들이 어떻게 놓이고 어떻게 연결되는지에 따라 전혀 다른 것이 된다고 했습니다. 톱의 끽끽대는 소리와 하프의 부드러운 소리, 쑥의 찌르는 맛과 꿀의 달콤함이 모두 이 연결에 달렸다고요. 철자들의 순서나 구성이 조금만 바뀌면 '나무'(ligna)는 자신을 태우는 '불'(ignis)로 변할 수도 있다고 했습니다.[28]

　　이런 예는 얼마든지 있습니다. 동일한 탄소 원자는 배열에 따라 흑연이 될 수도, 다이아몬드가 될 수도 있습니다. 다이아몬드 또한 무엇과 어떻게 연결되느냐에 따라 공구가 되기도 하고 보석이 되기도 합니다. 말이 '고기'일 수도, '무기'일 수도 있는 것처럼요. 역사유물론자라면 큰 차이를 낳는 작은 차이를 잘 읽어내야 합니다. 이 점이 내가 마르크스한테 항상 감탄하는 대목입니다.

　　그럼 W-G-W와 G-W-G에는 어떤 차이가 있을까요. 첫 번째 유통형태를 마르크스는 '구매를 위한 판매'라고 불렀습니다.[김, 192: 강, 226] 우리는 이미『자본』제3장에서 이런 화폐를 본 적이 있습니다. 화폐가 유통수단인 경우입니다. 우리 친구 아마포 직조공이 성경책을 얻을 때 사용했습니다. 그는 아마포를 농부에게 판 뒤 그 돈으로 성경책을 샀죠. 이때 그가 사용한 돈은 자본이 아닙니다. 그는 화폐를 화폐로 썼습니다.

　　두 번째 유통형태를 볼까요. 마르크스는 이를 '판매를 위한 구매'라고 했습니다. 돈을 주고 상품을 산 뒤 그것을 팔아 돈을 받았는데요. 출발점과 도달점만 놓고 보면, 돈을 내고 돈을 받아 온 셈입니다. 결과를 보건대 이 유통의 목적은 돈입니다. 이것도 제3장에서 본 것과 비슷합니다. 화폐 자체가 목적인 상품유통. 시리즈의 3권에서 나는 이때의 화폐를 가치척도로서 화폐, 유통수단으로서 화폐 등과 구분해 '화폐로서 화폐'라고 불렀습니다(지금은 이 말을 '자본으로서 화폐'와 구분해 화폐의 세 가지 기능형태에 모두 쓰고 있지만요). 상품유통의 목적이 화폐에 있는 경우로 마르크스는 축장화폐, 지불수단, 세계화폐의 예를 들었습니다.

나는 방금 두 번째 유통형태의 화폐가 우리가 이미 『자본』 제3장에서 본 화폐의 세 번째 기능형태와 닮았다고 했는데요. 실제로 마르크스는 『정치경제학 비판 요강』에서 'G-W-G'를 화폐의 세 번째 기능형태를 설명하는 데 사용했습니다.[29] 그래서 부의 축적 수단으로서 화폐[축장화폐]와 자본 사이의 형태 구분이 선명하지 않습니다. 화폐의 세 번째 기능형태를 가치척도와 유통수단이라는 앞서의 두 기능형태의 변증법적 종합으로 이해하고, 이것이 다시 '자본'으로 변하는 것처럼 말합니다. 그러다 보니 세 번째 기능형태와 '자본'이라는 형태 사이의 전환이 신비화됩니다.

그런데 『자본』에서는 이 둘을 완전히 다르게 봅니다. 축장화폐와 지불수단과 세계화폐는 결코 '자본'이 아닙니다. 이것들은 화폐의 한 가지 기능형태일 뿐입니다. 다시 말해 여전히 화폐를 화폐로 사용한 것이지 자본으로 사용한 것은 아닙니다.

◦ 우리는 감각적으로 알고 있다

화폐가 '자본'으로 사용되었다는 것은 어떤 것일까요. 우리는 동일한 돈, 그러니까 물질적으로는 아무런 변형도 없는 돈이 그저 '화폐'인 경우와 '자본'으로 변신한 경우를 어떻게 구분할 수 있을까요. 마르크스는 아주 흥미로운 말을 합니다. 우리가 그것을 감각적으로 안다는 겁니다. 그에 따르면 '화폐로서 화폐'와 '자본으로서 화폐' 사이에는 '감각적으로 포착할 수 있는'(sinnlich wahrnehmbarer) 차이가 있습니다.[김, 195; 강, 229]

아직 '자본' 개념을 규정하기 전인데, 우리가 '자본'을 이미 감지하고 있다니, 정말요? 이 점이 흥미로운 대목입니다. 그러니까 마르크스의 '자본' 개념은 우리가 일상에서 막연하게나마 이미 감지한 것을 선명하게 '정식화'한 것입니다. 이 '정식화'라는 말에 대해서는 뒤에서 별도로 이야기하겠습니다. 일단은 우리가 감지하고 있다는 그 '차이'부터 알아보죠.

돈을 화폐로 쓸 때와 자본으로 쓸 때의 차이가 뭘까요. 마르크스는 이렇게 말합니다. 자본으로 쓸 때 우리는 돈이 돌아온다는 감각을 갖고 있다. 돈을 쓸 때 나는 이 돈을 내버리는 게 아니며 이 돈은 내게 되돌아온다는 것을 알고 있다는 거죠. 좀 딱딱하게 말하면, '자본'에는 화폐의 '환류 현상'(Phänomen des Rückflusses)이라는 게 있습니다.[김, 194; 강, 228] 마치 농부가 봄날에 씨를 뿌리면서 그 씨가 가을에 돌아온다고 생각하는 것처럼요. 봄날의 한순간만 보면 씨를 땅에 버리는 것 같지만 실제로는 버리는 게 아닙니다. 누구보다 농부가 둘의 차이를 감각적으로, 그리고 경험적으로 알고 있습니다.

'화폐로 사용된 화폐'에는 이런 환류 현상이 없습니다. 아마포 직조공이 아마포를 팔고 받은 2파운드를 성경책을 사는 데 썼다면 그 돈은 이제 성경책 소유자의 것입니다. 유통수단[교환수단]으로 쓴 돈은 돌아오지 않습니다. 축장화폐나 지불수단, 세계화폐의 경우도 다르지 않습니다. 아마포 직조공이 성경책을 사지 않고 계속 금고에 넣어두었다고 합시다. 아예 수전노처럼 돈을 계속 모았다고 해보죠. 아마포를 팔기만 하고 아무것도 사지 않았습니다. 그래도 돈의 성격이 달라지지 않습니다. 돈을 쓰는 순간 그 돈은 사라집니다. 성경책을 사서 영혼을 축이든 위스키를 사서 목을 축이든 상관없습니다. 그는 돈을 지출했을 뿐입니다. 물건을 사지 않고 빚을 갚아도 사정은 같습니다. 돈은 사라집니다. 돌아오지 않습니다.

따라서 화폐를 모은다고 자본이 되는 게 아닙니다. 아무리 많이 쌓여 있어도 돈은 그냥 돈입니다. 전설의 미다스 왕은 만지는 모든 것을 금으로 바꿀 수 있었다지요. 그러나 미다스 왕이라 해도 금을 만져 자본으로 바꿀 수는 없습니다. 틈나는 대로 금을 쌓아둘 수는 있습니다. 하지만 쓰는 순간 금은 돌아오지 않습니다. 축장자에게는 돈 모으는 일과 돈 쓰는 일이 별개입니다. 그는 '쓰는 게 버는 것'임을 이해할 수 없습니다. 그는 돈을 모을 때는 쓰지 않으며, 써버리면 모으지 못합니다.

그럼 화폐를 자본으로 사용하는 형태(G-W-G)는 어떤가요. 이 형태에 충실한 사람을 떠올려볼까요. 그는 처음에 돈을 내놓습니다. 그 목적은 나중에 돈을 얻기 위해서입니다. 더 정확히 말하면 더 많은 돈을 얻기 위해서입니다. 똑같은 액수를 원했다면 애초 내놓을 필요가 없습니다. 화폐축장자처럼 금고에 넣어두는 것이 더 안전할 테니까요.

그는 돈을 왜 내놓았을까요. 더 많은 돈을 벌기 위해서입니다. 이때 돈은 돈을 벌기 위한 수단입니다. 이렇게 돈을 내놓을 때 그는 돈을 써버린 게 아닙니다. "화폐는 단지 선대(先貸)된 것일 따름"입니다.[김, 194; 강, 228] 흔히 하는 말로 '투자'인 것이죠. 그의 구매는 앞서의 형태(W-G-W)에서 옷을 사 입거나 위스키를 사 마신 것과는 다릅니다. 그의 돈은 돌아옵니다.

◦ 돈의 영원회귀

두 유통형태의 차이를 좀 더 살펴보겠습니다. 현실적 의미를 생각하면 형태를 조금 수정해야 할 겁니다. 화폐가 화폐로서 유통된 경우는 'W$_1$-G-W$_2$'로 하고요, 자본으로 유통된 경우는 'G$_1$-W-G$_2$'로 하겠습니다. 처음과 끝이 같다면 두 유통 모두 무의미하니까요. 누구도 아마포를 사려고 아마포를 팔거나 100만 원을 얻으려고 100만 원을 내놓지는 않겠죠. 그러니 첫 항과 끝항은 다르게 표기해야 합니다.

이런 식으로 수정하면 각 유통의 목적이 분명해집니다. 첫 번째 유통에서 상품 W$_1$을 판매한 이유는 상품 W$_2$를 얻기 위해서입니다. 원하는 상품을 얻으면 이 순환은 끝납니다. '구매를 위한 판매'는 욕구의 충족, 즉 소비를 위한 것이었습니다. 아마포를 팔아 생명의 물을 마셨으면 그만입니다. 화폐 G는 둘을 잠시 매개했을 뿐입니다.

여기서 아마포와 성경책의 교환은 우리가 제1장에서 본 단순 상품교환과 다를 바 없습니다. $xA = yB$의 등식을 기억할 겁니다. 상이한 두 상품이 어떻게 교환될 수 있을까요. 그것은 둘이 다르기 때문이기도 하고 같기 때문이기도 합니다. 사용가치가 다르기 때문에 교환되는 것이고(아마포와 아마포를 교환하진 않으니까요), 교환가치가 같기 때문에 교환되는 것이죠(1만 원짜리를 10만 원짜리와 교환하진 않을 겁니다).

그럼 두 번째 유통은 어떤가요. '$G_1 - W - G_2$'에서 화폐 G_1과 화폐 G_2는 질적으로 동일합니다. 하지만 양적으로는 차이가 나야 하죠. 교환가치가 달라야 합니다. 만약 '$G_1 = G_2$'라면, 다시 말해 출발점과 종결점에서 화폐액이 같다면 유통은 무의미합니다. 아니 무의미하지도 않죠. 그냥 바보짓이죠. 애초 금고 속에 처박아두었다면 상품을 교환하는 수고라도 절약했을 테니까요. G_1과 G_2는 달라야 하고, 더 정확히 말하자면 '$G_1 < G_2$'여야 합니다.

그런데 두 형태의 종결점인 상품 W_2와 화폐 G_2에는 중요한 차이가 있습니다. 상품 W_2는 순환의 진정한 종결점입니다. 영혼에 대한 갈증은 성경책(상품 W_2)을 유통에서 빼 오는 순간 해결됩니다. 다음 날 다른 욕구가 생겨 우리의 친구가 아마포를 들고 간다 해도 마찬가지입니다. 해당 상품을 사 오는 순간 순환은 완성됩니다. 하지만 화폐 G_2는 다릅니다. 그것은 동일한 목적으로 다시 투입될 수 있습니다. 한 순환의 목적이 다음 순환의 수단이 되는 거죠. 종결점이 곧 출발점이 되는 겁니다.

첫 번째 형태에서는 유통에서 빠져나온 상품으로 욕구가 충족됩니다만 두 번째 형태, 즉 '더 많은 돈'이 목적인 순환에서는 완성이라는 게 있을 수 없지요. 100억 원이 110억 원이 되었다고 해서 운동을 멈출 이유가 없습니다. 110억 원은 100억 원과 양적으로는 다르지만 질적으로는 같습니다.[김, 197; 강, 231] 110억 원은 121억 원을 위한 출발점이 될 수 있습니다. 이 때문에 유통의 두 번째 형태는 무한히 계속될 수 있습니다. 영원히 반복하는 운동인 거죠.

첫 번째 형태에는 반복의 계기가 없습니다. 스스로를 새롭게 점화할 이유가 없습니다.[30] 성경책을 읽고 위스키를 마시면 그것으로 거래 목적이 달성됩니다. 여기서 화폐는 단지 사용가치 취득, 욕구 충족이라는 목적을 달성하는 수단일 뿐입니다. 그런데 두 번째 형태에서는 다릅니다. 여기서 화폐는 수단이면서 목적입니다. 스스로가 목적인 과정이죠. 목적이 수단이 되고 도달점이 출발점이 됩니다. 여기에는 더 많은 돈, 즉 가치의 증식을 위한 끊임없는 갱신 운동만이 존재합니다.[김, 198; 강, 232] 바로 이 갱신 운동 속에서 일정액의 화폐, 일정액의 가치가 '자본'이 됩니다. 자본이란 이처럼 '스

스로 가치를 증식해가는(verwerten) 가치'입니다.[김, 197; 강, 231]

○ 잉여가치─자본을 이해하는 열쇠

순환을 거쳐 가치가 늘었다는 것은 $G_1 < G_2$가 되었다는 뜻인데요. 이렇게 써도 좋을 겁니다. '$G_2 = G_1 + \Delta G$'. 수학적 기호만 나오면 두통이 생기는 사람도 있을 텐데요. 수학적 기호는 내용을 간명하게 정리하는 데 유용합니다. 그런데 방금 부등식을 등식으로 바꿔 쓴 데는 다른 이유가 있습니다. 마르크스가 정립한 새로운 개념을 따로 떼서 보여줄 수 있거든요. 엥겔스는 이 개념에 대해 "경제학 전체를 변혁시키고……자본주의적 생산 전체를 이해하기 위한 열쇠"라고까지 했는데,[31] 바로 '잉여가치'(Mehrwert) 개념입니다.

다시 한 번 등식을 써보겠습니다(앞에서는 편의상 화폐로 표현했습니다만 엄밀하게 하자면 '가치'로 표현해야겠지요). $G_2 = G_1 + \Delta G$(나중 가치량=처음 투하 가치량+가치증가분). 이 등식에서 가치증가분(ΔG)을 '잉여가치'라고 부릅니다.[김, 197; 강, 231]

'잉여가치'는 '자본'을 정의하는 핵심 개념입니다. '자본론'이란 개념적으로는 '잉여가치론'이라고 해도 좋습니다. 앞서 '자본'을 '스스로 증식해가는 가치'라고 했는데요. 이렇게 바꾸어 말할 수도 있습니다. '자본'이란 '잉여가치를 낳은 가치'라고요. 잉여가치(ΔG)를 낳기 위해 투하한 가치(G_1)가 '자본'인 겁니다.

그런데 이 핵심 개념을 우리의 번역본들은 하필 '잉여'라는 말로 옮겼습니다. 잉여라는 말은 쓰고 남은 것, 부차적인 것, 관심의 대상이 아닌 것이라는 뉘앙스를 줍니다. 게다가 사사키 마사노리가 지적한 것처럼,[32] 회계상에서 잉여금이란 총수입에서 지출을 빼고 남은 것인데요. 이는 총액이 주어져 있고 필요한 부분을 빼고 남은 부분이란 뜻입니다. 이는 마르크스가 말하고자 했던 바와 크게 다릅니다. 마르크스는 전체 가치의 증대를 말하기 위해 'Mehrwert'라는 말을 썼으니까요 (그래서 사사키는 "Mehrwert는 '잉여가치'라기보다 '증가가치'다"라고 말합니다)[33]. 요컨대 잉여가치는 자본을 정의하는 핵심이고, 자본가가 가장 관심을 갖고 있는 것이며, 『자본』에서 그 정체를 밝히고자 하는 중심 개념입니다. 또한 그것은 '빼고 남은 부분'이라기보다 '더 증가한 부분'입니다. 이미 굳어버린 번역어인지라 다시 바꾸기가 쉽지는 않지만 이런 지점들을 염두에 두고 사용해야 합니다.

재밌는 것은 '자본'도 그렇지만 '잉여가치'도 일상어였다는 사실입니다. 'Mehrwert'는 마르크스가 창안한 학술용어가 아닙니다. 사사키에 따르면 이 단어는 1809년에 처음 사전에 등장했습니다.[34] 라틴어권에서 쓰던 'plus-value'라는 말을 독일어로 옮긴 것으로 보입니다. 'plus-value'는 1457년 무서에 처음 나타나는데요. 16세기에는 부르주아들이 회계장부에 적는 항목 이름이기도 했습니다. 사업상의 '초과이익분'을 가리켰습니다. 그래서 당시에는 '초과이익분에 대한 과

세'〈Impostions sur les plus-values〉같은 표현이 통용되었습니다.[35]

　마르크스는 전혀 들어본 적이 없는 것에서 시작하지 않습니다. 그는 우리에게 매우 친숙한 것에서 시작합니다. 그런데 그것에 완전히 다른 조명을 쏘여줍니다. 친숙하고 일상적인 것을 아주 낯선 것으로 뒤집어놓는달까요. 말하자면 그는 창조자라기보다 전복자입니다. 외견상으로는 태양이 도는데 실상은 지구가 돈다는 것을 드러내는 식이죠. 우리의 일상적 감각에서 출발하지만 그것을 그대로 받아들이지 않습니다. 〈북클럽『자본』〉2권에서 말한 것처럼, 마르크스는 우리에게 나타난 것이 어떻게 해서 그렇게 나타났는지를 보여줍니다.

　방금 말한 것처럼 '잉여가치'라는 말이 그렇습니다. 돈이 늘어났다, 돈이 새끼를 쳤다는 식의 일상적 표현은 '자본'에 대한 일상적 감각을 보여줍니다. '잉여가치'는 이런 일상적 감각에서 나온 말입니다. '증가된 가치', '새끼 친 돈' 같은 것이죠. 마르크스는 이런 일상어에서 시작했습니다. 프루동이나 시스몽디 같은 비판가들과 다른 점입니다. 그들은 부르주아사회의 '착취'를 폭로하기 위해 일상어 'plus-value'라는 말 대신 'mieux-value'라는 신조어를 썼습니다. 하지만 사사키가 지적했듯 "마르크스의 과제는 일상어로서의 Mehrwert를 비판적으로 새롭게 파악하고 증가가치의 무개념적 사고를 사람들에게 강제하는 근대 시민사회의 메커니즘을 해명"하는 것이었습니다.[36]

다시 말하지만 마르크스는 새로운 것을 창조한 사람이 아니라 기존의 것을 새로 보게 만든 사람입니다. 새로운 기호를 추가한 사람이 아니라 기존의 기호를 완전히 새롭게 해석한 사람입니다. 이것이 마르크스의 비판입니다(참고로 마르크스는 1857년 말에 작성한 원고에서 '잉여가치'라는 말을 처음 썼습니다.[37] 그는 자본의 가치증식을 설명하던 중 '잉여가치'라는 말을 썼는데요. 큰 비중을 두지는 않고 지나치듯 가볍게 언급했습니다).

◦ 정신 나간 자본가와 합리적 수전노

잠시 이야기가 옆길로 샜는데요. 다시 '자본'과 '잉여가치' 이야기로 돌아와야겠습니다. 지금 우리는 '화폐로서 화폐'와 '자본으로서 화폐'를 구분하고 있습니다. '자본'과 단순한 '돈더미'를 구별해야 합니다. 이 구별의 핵심에 '잉여가치'가 있습니다.

만약 자본가가 '100억 원'을 '110억 원'으로 만든 뒤 그 돈을 금고에 넣어둔다면 '110억 원'은 큰돈이기는 해도 더는 자본이 아닙니다. 다시 화폐로 돌아가버리죠. 축장화폐가 되는 겁니다. 마르크스는 이렇게 말하고 있습니다. "그것은 더 이상 자본으로 존재하기를 멈춘다. 만일 유통에서 떨어져 나온다면 그것은 축장화폐로 화석화되고, 최후 심판의 날까지 그대로 보존될지언정 단 한 푼도 늘지 않을 것이다."[김, 198; 강, 231] 방금 '화석화된다'(versteinern)라는 표현을 썼는데요. 말 그대로 생명을 잃은 돌덩어리처럼 되는 겁니다. 아이 낳기를 중단한 화폐, 불임의 화폐는 죽은 화폐, 화폐로 돌아간 화폐입니다. '자본으로서 금덩어리'가 이제는 '그냥 금덩어리'가 되는 겁니다.

자본과 축장화폐의 차이가 인격적으로 나타난 것이 '자본가'와 '수전노'입니다(두 인간형에 대한 더 상세한 논의는 부록 노트를 참조하세요). 시리즈의 앞선 책들에서 나는 『자본』이 매우 연극적이라고 말했는데요. 『자본』에 등장하는 인간들은 모두 페르소나입니다. 마르크스가 이미 서문에서 말했었죠. "여기에서 사람들을 문제 삼는 것은 그들이 경제적 범주들의 인격체라는 점에서만, 특정한 계급관계와 계급이해의 담지자라는 점에서만 그러하다."[김, 6; 강, 47]

그러니까 '자본가'는 '인격화된 자본'입니다.[김, 199; 강, 233] '자본가'는 '자본'을 연기하는 사람입니다. 말하자면 인간의 탈을 쓴 자본입니다. 그러니까 『자본』에서 자본가의 주관적 목적은 자본 운동의 객관적 내용과 같습니다. 너무 어렵게 말했나요. 어떤 자본가가 더 많은 돈을 벌려고 눈에 불을 켜는 것을 『자본』에서는 그 사람의 독특한 성격으로 보지 않는다는 겁니다. 자본의 끊임없는 가치증식 운동이 그를 통해 표현된 것뿐이죠. 마르크스의 표현을 쓰자면 자본이란 자본 운동의 '의식적 담지자'(bewußter Träger)입니다.[김, 199; 강, 233]

자본가는 수전노와 어떻게 다른가. "부에 대한 무한한 탐욕, 열정적 교환가치의 추구"라는 점에서는 다르지 않습니다. 하지만 탐욕을 실현하는 방식이 다릅니다. 마르크스는 이렇게 말했죠. "수전노가 정신 나간(verrückte) 자본가라면 자본가는 합리적인(rationelle) 수전노다."[김, 200; 강, 234]

돈을 쓰지 않고 모으기만 하는 수전노의 행태는 병적으로 보입니다. 부에 대한 탐욕이 화폐에 대한 병적 집착으로 나타납니다. 돈을 수단으로 여기지 않고 목적으로만 섬기는 도착증 환자라고 할까요. 영화 〈반지의 제왕〉에서 "마이 프레셔스(My precious), 마이 프레셔스"만 되뇌는 골룸 같습니다. 오랫동안 사람들은 수전노를 병적 존재로 그려왔습니다.

자본가는 어떤가요. 부에 대한 탐욕에서는 수전노보다 더하면 더했지 그 정도가 덜한 사람이 아닙니다. 그런데 그에게는 탐욕과 합리성이 반대말이 아닙니다. 한마디로, 제정신인 탐욕적 인간이죠. 그는 매우 냉정하고 치밀하게 그리고 합리적 수단을 통해 욕망을 채워갑니다. 부에 대한 그의 열정은 뜨겁지만 부를 획득하기 위한 계산은 차갑습니다. 무엇보다도 그는 돈을 벌기 위해 돈을 쓸 줄 압니다. 그에게 돈은 목적이지만 또한 수단입니다(똑같이 돈을 모았어도 모으는 방법이 완전히 다릅니다. '돈을 쓰지 않았기 때문에 돈을 번 사람'과 '돈을 썼기에, 다시 말해 투자했기에 돈을 번 사람'은 본질적으로 다른 유형의 사람입니다).

자본가의 등장은 기독교의 근대적 판본인 프로테스탄티즘의 구원관과 잘 맞아떨어집니다. 마르크스는 이미 제1장에서 프로테스탄티즘이 자본주의 생산양식에 가장 부합하는 신앙형태임을 지적한 바 있는데요.[김, 102; 강, 143] 부의 축적에 대해서도 프로테스탄티즘, 특히 칼뱅이즘은 독특한 정당화 논리를 제공했습니다. 과거 기독교에서는 돈과 구원을 떨어뜨려놓았습니다. 예수가 분명히 말해두었지요. "부자는 천국에 들어가기 어려우니라. 다시 너희에게 말하노니 낙타가 바늘귀로 들어가는 것이 부자가 하나님의 나라에 들어가는 것보다 쉬우니라."[마태복음 19:23~24]

그런데 칼뱅이즘은 독특한 '예정설'을 주장하면서 이것을 뒤집었습니다. 신은 구원받는 자와 그렇지 않은 자를 구분해두었는데 아무도 알지 못한다고 했죠. 교황도 성직자도 그 어떤 인간도 자신의 구원 여부를 알지 못합니다. 칼뱅이즘은 구원 여부를 알지 못하는 데서 오는 불안을 독특하게 해소했습니다. 구원 여부를 아는 문제를 구원받았음을 입증하는 문제로 바꿉니다. 구원 여부를 불안해하는 것은 내가 구원받지 못했다는 표시일 수 있습니다. 그러므로 나는 내가 구원받았음을 믿고 열심히 살아야 합니다. 그 결과 내가 성공한다면 이는 내가 선택받은 자라는 의미입니다. 이렇게 되면 죄를 짓지 않는 한에서 내가 거둔 성공과 부는 내가 바늘귀를 통과한 인물이라는 표시가 됩니다. 구원을 세속에서 확인하는 거죠.

실제로 마르크스는 수전노와 자본가의 차이를 '구원'의 차이로 설명하고 있습니다. "수전노는 화폐를 유통에서 구원해냄으로써 가치의 쉴 새 없는 증식을 추구하지만, 좀 더 영리한 자본가는 끊임없이 반복하여 화폐를 유통에 투입함으로

써 가치의 끊임없는 증식을 달성한다."[김, 200; 강, 234] 방금
"화폐를 유통에서 구원해냄으로써"라는 표현을 썼죠. 약간의
말장난인데요. 마르크스가 여기 주석을 달아두었습니다.[김,
200, 각주 10; 강, 234, 각주 10] 그리스어 'sozein'에는 '축장'의
뜻도 있지만 '구원'의 뜻도 있다고요. 영어 단어 'save'와 같
죠. '저축하다'라는 뜻도 있고 '구원하다'라는 뜻도 있습니다.
말하자면 수전노는 유통 바깥에서 구원을 찾습니다. 화폐를
현세에서 내세로 빼냅니다. 하지만 자본가는 화폐를 유통에
투입합니다. 거기에 구원의 길이 있으니까요. 그에게 구원은
'최후 심판' 다음에 오는 것이 아닙니다. 그는 돈을 쌓아두기
만 해서는 "최후 심판의 날까지 한 푼도 늘지 않는다"라는 걸
압니다. 그에게 구원 즉 '가치의 증식'은 최후의 날 이전에 이
루어집니다.

　　　　。아버지가 아들을 낳았으되 둘은 한 몸이라

마르크스의 자본 개념은 한편으로 생물학적이면서 다른 한편
으로 신학적입니다. 그는 자본을 '잉여가치를 낳는 가치'라고
했습니다. 자식을 낳는 것에 비유한 겁니다. 자본은 생명체처
럼 번식하고 성장합니다. "살아 있는 자식을 낳든가 아니면
적어도 황금알을 낳"습니다.[김, 201; 강, 235] 일종의 생식이
죠. 자본은 잉여가치를 낳고, 잉여가치는 자신을 낳은 가치를
자본으로 부르게 합니다. 마치 아버지와 아들의 관계와 같습
니다. 아버지는 아들을 낳음으로써 비로소 아버지가 됩니다.

그런데 한 순환을 마치고 나면 둘은 하나가 됩니다. 100억은 10억을 낳음으로써, 다시 말해 10억이라는 잉여가치에 의해 자본이 됩니다. 둘은 함께 출발점에 다시 섭니다. 100억과 10억이 따로 서지 않고 110억으로 함께 섭니다. 마르크스의 말을 들어볼까요. "그것이 자본이 되는 순간, 즉 아들이 태어남으로써 아들에 의해 아버지가 태어나게 되는 순간 둘의 구별은 다시 소멸하고 둘은 하나가 되기 때문이다."[김, 202; 강, 236]

이 신비한 과정을 설명해줄 수 있는 것은 생물학이 아니라 신학입니다. 아버지가 아들을 주셨으되 성부와 성자는 하나입니다. "이는 성부로서 자신을 성자와 구별하는 것과 같은데 둘은 나이가 같으며 사실상 한 몸[위격, Person]을 이룬다."[김, 202; 강, 235] 나이가 같고 한 몸을 이룬다는 표현이 재밌습니다. 아버지와 아들이 나이가 같다는 것은 생물 개체를 생각하면 할 수 없는 말입니다. 유전자 수준에서 하는 말이라면 모를까. 그런데 신학적으로 접근하면 이런 논리가 그럴싸합니다. 신은 나이 들지 않습니다. 따라서 어떤 과정에서도 같은 나이입니다. 출발점에서든 도착점에서든 나이가 같습니다. 아니, 과정의 어느 순간에서도 나이가 같습니다. 한 몸을 이룬다는 것도 그렇습니다. 과정상의 개체들은 동일한 존재의 페르소나(Person)일 뿐입니다. 과정이란 동일한 주체의 운동일 뿐이죠.[김, 201; 강, 234]

이런 생각을 갖고서 자본의 유통형태를 보면 이제 다른

게 보입니다. 지금까지 우리는 '자본'을 '화폐'의 특별한 부류처럼 다루었습니다. 화폐로 사용된 화폐도 있지만 자본으로 사용된 화폐도 있다고요. 하지만 다시 한 번 유통형태를 볼까요. 'G₁-W-G₂'에서 '화폐'와 '상품'은 다른 것일까요. 물론 실존형태는 다릅니다. 하지만 그것은 가면에 불과합니다. 교환가치[가치]라는 측면에서 보자면, 화폐란 가치의 '일반적 형태'이고, 상품은 '특수한 형태'일 뿐이죠.[김, 200~201; 강, 234] 더욱이 이것을 자본의 유통이라는 점에서 보면 어떻습니까. 화폐나 상품 모두 자본의 개별 형태에 지나지 않지요. 그렇다면 우리는 '자본으로서 화폐'만큼이나 '자본으로서 상품'도 말할 수 있는 겁니다.

　　수전노는 화폐와 상품의 관계를 적대적으로 보는 사람입니다. 상품이 들어오면 돈이 나갔다는 뜻이니 금욕적인 그로서는 견딜 수가 없겠죠. 하지만 자본가는 그렇게 생각하지 않습니다. "자본가는 비록 [돈에 비하면] 초라해 보이고 악취가 난다 해도, 모든 상품은 신앙에서도 진리에서도 화폐이며 내면으로 할례를 받은 유대인이며, 더 나아가 돈으로 더 많은 돈을 만드는 기적의 수단임을 안다."[김, 202; 강, 235] 여기서 "내면으로 할례를 받은 유대인"이란 바울의 말입니다. 할례는 유대인의 겉보기 표식이죠. 하지만 바울은 그런 겉보기 표식은 중요하지 않다고 했습니다. 진정한 할례는 마음에 하는 것이라고 했죠.[로마서 2:29] 신체에 의한 유대인과는 다른 '영에 의한 유대인'이라는 개념을 끌어들인 거죠. 마르크스는 자본의 유통에서 상품과 화폐의 관계를 여기에 비유하고 있습니다. 신체상으로 상품과 화폐는 다르지만 영적으로 같다는 겁니다. 모두 자본의 영혼이 깃들었죠.

자본의 유통에서 상품과 화폐가 모두 자본의 영혼을 갖고 있다면, 다시 말해 모두 자본의 실존형태에 다름 아니라면, 우리는 유통형태의 어느 항에서도 자본은 사라지지 않는다고 말할 수 있습니다. 화폐로 있든 상품으로 있든 자본은 사라지지 않습니다. 여기서 우리는 자본의 두 가지 규정을 읽어낼 수 있습니다. 바로 '보존'과 '증식'입니다. 자본은 유통의 과정, 순환의 과정에서 사라지지 않습니다. 자기동일성을 유지합니다. 이것이 보존입니다. 또 자본은 유통의 과정, 순환의 과정에서 잉여가치를 낳습니다. 이것이 증식입니다. 요컨대 자본이란 자신을 보존하면서 증식하는 운동의 주체입니다.

자본은 유통에서 나왔다가 다시 유통으로 들어가며, 유통 속에서 자기를 보존하면서 증식하고, 더 많은 돈이 되어 유통 바깥으로 나옵니다. 그리고 이 과정을 반복합니다. '돈이 돈을 낳는다'라는 사람들의 통념은 '자본'의 규정에서 비로소 의미를 갖습니다. "G-G', 즉 돈을 낳는 돈이라는 말은 자본의 최초 통역자인 중상주의자들의 입에서 나온 자본에 대한 묘사이다."[김, 202; 강, 236]

처음에 자본의 유통형태는 물건을 싸게 사 와서 비싸게 팔았던 상인자본에 딱 맞는 표현처럼 보였습니다. 하지만 사실 모든 자본이 여기 해당합니다. 공장에서 물건을 만들어내는 산업자본 역시 상품(원료와 노동력)을 사들인 뒤 새로운 상품을 만들어 판매합니다. 그렇게 해서 더 많은 돈을 법니다. 이것은 '이자 낳는 자본'의 경우에도 다르지 않습니다. 다만 이 경우 상인자본가한테 빌려주었는지, 산업자본가에게 빌려주었는지 등을 고려하지 않지요. 그저 돈을 빌려주었다면 나중에 더 많은 돈으로 돌아와야 할 뿐입니다. 그래서 자본의 유통을 'G-W-G''로 쓰지 않고 과정을 생략한 채로 'G-G''로 쓸 수 있습니다.

어떤 점에서 보면 마지막 형태의 자본, 즉 '이자 낳는 자본'이 자본의 가장 순수한 모습처럼 보입니다. 시간 속에서 자신을 보존하면서 증식하니까요. "잠을 자든 안 자든 집에 있든 여행을 하든 낮이든 밤이든 화폐에서는 이자가 생긴다."[38] 『자본』 III권에서 마르크스는 '이자 낳는 자본'을 그렇게 묘사했습니다. '이자 낳는 자본'은 '자본'이 운동의 주체임을 선명하게 보여줍니다. 이 운동형태에는 '돈을 낳는 돈' 말고는 아무것도 없으니까요.

마치 헤겔의 이념(Idee)과 같습니다. 화폐로, 상품으로 자신을 전개해가며 더 높은 차원으로 발전해가는 실체. 하지만 이 시리즈의 1권에서 내가 말해둔 것을 잊지 말기 바랍니다. 마르크스가 헤겔의 변증법에 가장 가까이 다가간 곳이 실은 가장 멀어진 곳이라고 했죠. 자본의 운동, '이자 낳는 자본'에서 가장 순수한 형태를 보이는 이 운동이 사실은 가상의 운동이고 물신주의입니다. 헤겔은 역사를 자기 목적에 도달하는 이념의 운동으로 그렸지만(진리의 실현이자 자유의 실현이죠) 마르크스는 자본의 자기목적 운동을 물신주의로 그렸습니다 (자본에 대한 예속의 실현이죠). 마르크스는 이렇게 말했습니다. "이자 낳는 자본에서 자본 관계는 가장 피상적이고 물신화된 형태에 도달한다."[39]

　　이제 막 '자본' 개념이 태어난 곳에서 너무 이른 이야기일 수도 있습니다. 하지만 '자본'이 개념적으로 태어난 곳이므로 오히려 지적해두어야겠습니다. 마르크스는 자본을 '스스로 증식하는 가치'로 정의했고 영원회귀의 주체인 양 묘사했습니다. 그리고 앞으로도 자본을 이런 식으로 묘사할 겁니다. 하지만 잊지 말아야 합니다. 이것이 물신주의라는 점 말입니다. 자본이 아이를 낳다니요. 차라리 '춤추는 책상'을 믿겠습니다. 다만 자본주의에서는 이런 물신주의가 좀처럼 사라지지 않을 겁니다. 자본주의 생산양식이 지배하는 곳에서는 자본이 운동의 주체이고, 자본은 아이를 낳습니다.

∘ 돈이 돈을 낳는다고?

돈이 돈을 낳는다? 우리는 고대 아리스토텔레스한테서 이와 관련된 흥미로운 언급을 찾아볼 수 있습니다. 『자본』 제1장에서 가치형태를 다룰 때도 마르크스는 아리스토텔레스를 인용한 바 있는데요. 그를 "가치형태를 처음으로 분석한 위대한 사상가"라고 불렀지요.[김, 75; 강, 117] 다만 아리스토텔레스는 동질적 인간노동을 떠올릴 수 없는 역사적 한계 때문에 더 나아가지 못했지요. 그런데 '자본으로서 화폐의 유통'에서도 마르크스는 아리스토텔레스를 길게 인용합니다.[김, 198, 각주 6; 강, 232, 각주 6] 여기서도 아리스토텔레스는 무언가를 포착한 위대한 사상가입니다. 아리스토텔레스는 화폐의 무한증식 운동을 포착했습니다.

　〈북클럽『자본』〉시리즈 2권에서도 언급한 바 있습니다만(44~45쪽), 아리스토텔레스는 우리가 '경제학'이라는 하나의 단어로 부르는 두 가지를 엄격히 구분했습니다. 하나는 가정관리술(oikonomikos)이고 다른 하나는 화폐증식술(chrēmastikē)입니다. 그에 따르면 재화나 재물을 생산하고 유통하고 비축하는 목적에서 둘은 전혀 다릅니다.

　가정관리술은 생활에 필요하고 가정이나 국가에 유용한 재화를 조달하는 기술입니다. 우리는 무한한 존재가 아니므로 우리 생활에 필요한 물건이란 무한하지 않습니다. 한계가 있지요. 아리스토텔레스는 이런 물건들이야말로 '진정한 부'이며 이를 갖추려는 것을 '자연스러운 재산획득술'이라고 했습니다.[40] 반면 화폐증식술은 자연스러운 재산획득술이 아닙니다. 이것은 재화의 상업적 유통에서 생겨난 것인데요. 모으려는 "부와 재산에 한계가 없"습니다. 이 기술의 목적은 생활에 필요한 물건의 공급이 아니라 화폐의 증식에 있습니다. 사람들은 화폐증식술을 가정관리술과 혼동해 화폐를 무한히 증식시키는 일에 집착합니다. 그런데 두 기술을 혼동하는 것은 자연과 부자연, 유한과 무한, 자유와 예속을 혼동하는 것과 같

습니다.[41]

　아리스토텔레스에 따르면 화폐증식술의 가장 나쁜 판본, 자연에 가장 배치된 형태가 고리대금업(obolostatikē)입니다. 기본적으로 그는 가정관리 목적이 아닌 상업적 행동을 비난했습니다. 상업은 "자연스러운 것이 아니고 남의 희생을 바탕으로 이루어진다"라고 보았거든요. 그런데 고리대금업은 문제가 더 심각합니다. 교역도 아니고 그냥 화폐 자체에서 이득을 취하려 하니까요. "화폐는 교역에 쓰라고 만들어진 것이지 자식(tokos)을 낳으라고 만들어진 것이 아니기 때문이다. 그리고 돈이 낳은, 돈의 자식을 뜻하는 이자(利子)라는 용어가 돈의 증식에 사용되는 것은 새끼가 어미를 닮아 있기 때문이다. 그래서 모든 종류의 재산획득 기술 가운데 고리대금이 가장 자연에 배치된다."[42] 요컨대 아리스토텔레스는 '돈을 돈 낳는 데 쓰는 것'을 가장 경멸했습니다. 돈이 자식을 낳는 것은 자연에 반하는 일입니다.

　돈을 낳는 돈에 대한 거부감은 중세 서구인들에게서도 쉽게 확인할 수 있습니다. 13세기의 한 텍스트는 고리대금업자를 이렇게 그립니다. "고리대금업자는 돈이 돈을 낳을 것을 원함으로써 마치 수말이 수말을 낳고 수노새가 수노새를 낳기를 바라는 것과 같은 반자연적 죄를 범한다."[43] 고리대금업자라고 했지만 '높은 이자'를 받는 사람을 칭하는 게 아닙니다. 원금보다 조금이라도 많은 돈을 받는 사람, 말하자면 '이자를 받은 사람' 일반을 가리키는 말입니다.

고리대금업자를 반자연적이라고 말한 것은 수말이 수말을 낳지 못하는 것처럼 돈에는 생식력이 있을 수 없다고 보았기 때문입니다. "돈은 돈을 낳지 않는다"(Nummus non parit nummos). 아리스토텔레스를 읽은 토마스 아퀴나스가 한 말입니다. 성 보나벤투라(St. Bonaventura) 역시 "돈은 그 자체로, 그것에 의하여 결실을 맺지 않"는다고 했고요. 이외에도 돈의 자연적 생식력을 부인하는 언급은 여러 곳에서 찾을 수 있습니다. 물론 그들도 현실적으로 돈이 계속해서 돈을 만들어내고 있다는 것을 모르지 않았습니다. 그래서 더 경계했겠지요. "고리대금이라는 소들이 쉴 새 없이 일을 하여 하나님과 모든 성자들을 모독"하고 있으니까요.[44]

돈은 돈을 낳지 않는다. 그런데도 돈을 빌려준 뒤 더 많은 돈을 돌려받았다면? 그것은 절도입니다. 누구의 무엇을 훔쳤다는 걸까요? 중세인들이 볼 때 고리대금업자는 좀 특별한 도둑입니다. 그들이 훔친 것은 사람의 것이 아닙니다. 돈을 빌려준 시점과 돌려받은 시점 사이, 변한 것은 무엇일까요? 시간 말고는 없습니다. 그들은 시간을 이용해 돈을 번 사람들입니다. 그런데 시간은 누구의 것일까요? 그건 바로 하나님의 것입니다. 그러므로 고리대금업자는 하나님의 재산을 훔친 사람이 됩니다. 교회가 종을 쳐서 알리던 하나님의 시간을 팔아 이득을 취한 겁니다.[45] 두말할 것도 없이 지옥행입니다. 상업과 금융 기법이 상당히 발전했던 시기에도 자본주의로 나아갈 수 없는 신앙적 장벽이 있었던 겁니다.

물론 오늘날에는 반대입니다. 돈이 돈을 낳지 못한다면 그 게으름과 불임성 때문에 욕을 먹겠지요. 돈을 그냥 놀리고 있다고 말이죠. 돈을 직접 투자했든 빌려줬든 그 돈이 늘지 않은 채로 돌아오면 사람들은 화를 냅니다. 나갔으면 자식을 데려와야 하죠. 돈은 돈을 낳는가. 이전 시대에는 밑도 안 된다고 했던 생각이 우리 시대에는 상식입니다. 우리 시대의 상식이 역사적으로는 얼마나 독특한 것인지를 다시금 깨닫게 됩니다.

◦'자본의 일반 정식'―우리의 경험적 감각을 정식화한 것
'자본'은 돈이 돈을 낳는다는 사람들의 일상적 감각에서 출발한 개념입니다. 마르크스는 우리가 자본을 감각적으로 포착하고 있다고 했습니다. 그는 이 감각에서 시작했습니다. 앞서 말한 것처럼 이 점이 『정치경제학 비판 요강』과 『자본』의 중요한 차이입니다.

『정치경제학 비판 요강』에서 마르크스는 '가치척도로서 화폐'와 '유통수단으로서 화폐'를 '부의 축적 수단으로서 화폐'로 종합한 뒤 곧바로 '자본'으로 나아갔습니다. 종합해서 더 높은 차원으로 올라가는 헤겔식 변증법의 신비한 도약을 보는 것 같습니다. 하지만 『자본』에서는 사람들의 경험에서 '자본' 개념을 끌어내고 있습니다. '화폐'로부터 '자본'으로 변신하는 것이 전혀 신비하지 않습니다. 화폐로 사용된 화폐와 자본으로 사용된 화폐는 전혀 다른 기능을 수행합니다.

축장화폐와 자본이 어떻게 다른지를 우리는 이미 확인했습니다. 무엇보다 사람들은 그 차이를 경험적으로 알고 있습니다. 마르크스는 이 경험적 감각에서 출발해 자본 개념을 만들어낸 것이죠.

이 점에서 나는 자크 비데(J. Bidet)가 "화폐에서 자본으로의 전환은…… 변증법적 전환이 아니"며, 『자본』의 서술은 "'경험'에 새롭게 호소함으로써만 전진할 뿐"이라고 말한 것에 공감합니다.[46] 물론 마르크스가 통념을 따르는 것은 아닙니다. 오히려 그는 익숙한 것이 낯설게 보일 정도로 전복적 해석을 내놓습니다. 돌고 있는 것은 태양이 아니라 지구라고요. 이것은 헤겔적 '지양'(Aufhebung)보다는 스피노자적 '지성 개선'(emendatio intellectus)에 가깝습니다. 우리가 경험한 현상을 우리 자신에게 나타난 모습대로 믿어버리는 잘못을 고쳐주는 거죠.

제4장 제1절(영어판은 제4장)의 제목을 볼까요. '자본의 일반 정식'(Die allgemeine Formel des Kapitals)이라고 되어 있습니다. 이 제목은 제4장 마지막 문장의 한 구절이기도 합니다. "사실상 G-W-G'는 유통영역에서 직접 나타나는 모습 그대로의 자본의 일반 정식이다."[김, 203; 강, 236] 여기서 우리가 주목할 단어는 '정식'(Formel)입니다. 앞에서는 이 단어를 쓰지 않았습니다. '형태'(Form)라는 말을 썼지요.

비데는 연구자들이 여기에 "주목할 만한 용어상의 전환"이 있음을 알아차리지 못했다고 지적했는데요.[47] 정말로 빛나는 통찰이 아닐 수 없습니다. 『자본』을 준비하는 과정에서 작성한 초고(1861~1863년 초고)까지만 해도 마르크스는 G-W-G'를 '형태'라고 불렀습니다. 그런데 『자본』에서는 이를 '정식'이라는 말로 수정했습니다. 사람들의 경험적 감각을 정식화한 것이니까요.

이는 곧바로 그다음에 이어지는 제4장 제2절(영어판은 제5장) 제목과 연결되는데, 제목이 '일반 정식의 모순들'(Widersprüche der allgemeinen Formel)입니다. 이 '모순들'은 헤겔의 『논리학』에서 말하는, 논리의 고차적 진행을 위한 모순이 아닙니다. 일상적 감각, 일상적 체험에 입각한 판단이 부딪히는 모순들에 대한 것이죠. 예컨대 젓가락을 물에 넣으면 꺾여 보입니다. 육상동물의 생각은 이렇습니다. '대기 중에서는 젓가락이 꺾이지 않으니 분명 원인은 물에 있음이 틀림없다.' 하지만 수중동물의 생각은 다릅니다. '물속에서는 젓가락이 꺾이지 않으니 분명 원인은 대기에 있다.' 둘 모두 맞고 둘 모두 틀렸습니다. 원인은 물속에 있기도 하고 없기도 하며, 물 바깥에 있기도 하고 없기도 합니다. 분명 젓가락은 꺾였는데, 물속에서든 물 밖에서든 이런 일은 일어날 수 없습니다.

그럼 어떻게 할까요. 젓가락을 물에 넣었을 때 꺾여 보이는 이유를 해명하면 됩니다. 이 현상이 각각에서 일어나지 않으면서 둘 모두를 필요로 한다는 걸 보여주어야 합니다. 한마디로 이런 현상이 어떻게 산출되는지 보여주면 되는 거죠.

3

밀실살인

———

범인은 어디에?

이전에 나는
『자본』을 추리소설 같다고 했는데요.
그렇다면 우리가 탐정으로 나서서
이 사건을 한번 수임해볼까요.
탐정이라면, 황금알을 낳는 거위를 보고
눈이 휘둥그레져서는 곤란하겠죠.
이제부터 이 놀라운 사건에 대한
진상 조사를 시작하겠습니다.
일단 유력 용의자이자 거위의 소유자인
자본가의 행적부터 살펴보겠습니다.
그가 누구를 만났고 무슨 일을 했는지
순서대로 볼까요.

한스 홀바인, 〈상인 게오르크 기스체의 초상〉, 1532.
게오르크 기스체는 서른네 살의 부유한 상인으로 그림 속 편지는
그가 한자동맹에 소속된 상인임을 알려준다.
마르크스는 자본주의 이전 상인자본의 성격을 언급하며 프랭클린의 말을
인용했는데, 그에 따르면 "전쟁은 약탈이고 상업은 사기"다.

『자본』제4장 제2절(영어판은 제5장)의 첫 문장은 자본의 일반 정식의 모순에서 시작합니다. 마치 모든 물리법칙과 충돌하는 물리현상을 본 것처럼 말이죠. "화폐가 자본으로 변태할 때의 유통형태는 상품·가치·화폐, 그리고 유통 자체의 본성에 관해 앞서 논의된 모든 법칙들과 모순된다."[김, 204; 강, 237]

○ 놀라운 사건을 의뢰받다

앞서 본 것처럼 '자본으로서 화폐유통'은 '화폐로서 화폐유통'과 형태상 조금 다를 뿐입니다. 하나는 '판매를 위한 구매'이고 다른 하나는 '구매를 위한 판매'입니다. 판매와 구매의 순서만 바뀐 거죠. 그런데 이것만으로 돈의 본성이 변해버렸습니다. 화폐가 자본이 된 겁니다. 생식능력 없던 화폐가 어느 날부터 아이를 낳습니다. 마르크스의 말처럼 마법 같은 일입니다.[김, 204; 강, 237] 이건 생쥐를 말로, 호박을 마차로 바꾼 신데렐라 이야기 속 마법사도 할 수 없는 일입니다. 생쥐를 말로, 호박을 마차로 바꾼 건 살아 있는 것과 살아 있는 것, 죽은 것과 죽은 것의 교체였으니까요. 그런데 화폐가 자본이 된 것은 죽은 금덩어리가 황금알을 낳는, 살아 있는 거위로 변신한 겁니다.

〈북클럽『자본』〉1권에서 나는『자본』을 추리소설 같다고 했는데요. 그렇다면 우리가 탐정으로서 이 사건을 수임해볼까요. 탐정이라면 황금알을 낳는 거위를 보고 눈이 휘둥그레져서는 곤란하겠죠. 이제부터 이 놀라운 사건에 대한 진상 조사를 시작하겠습니다. 일단 유력 용의자이자 거위의 소유자인 자본가의 행적을 살펴보죠. 그가 누구를 만났고 무슨 일을 했는지 순서대로 볼까요.

처음에 자본가는 일정액의 돈을 들고 있었는데요. 아직까지는 거위 즉 자본이 아닙니다. 사건이 일어나기 전이죠. 그는 돈을 들고 가서 인물 A를 만났습니다. 유심히 살폈지만 딱히 이상한 행동은 없습니다. A에게 돈을 주고 상품을 샀습니다(G-W). 아마포 직조공이 성경책을 산 것과 다르지 않습니다. A는 자본가와 알던 사이도 아니고, 자기가 판 물건을 가지고 앞으로 무슨 일을 할지도 자본가에게 묻지 않습니다. 그는 물건만 팔면 그만입니다. 자본가와 A는 매매를 했을 뿐이죠. 자본가는 구매자이고 A는 판매자입니다. 역시 특별한 게 없습니다.

잠잠하던 자본가가 다시 행동을 시작합니다. 이번에는 인물 B를 만나는군요. 지난번과는 반대로 행동합니다. B에게 물건을 건네더니 돈을 받습니다(W-G). 그렇다고 지난번과 달라진 게 있는 건 아닙니다. 전에 A가 하던 일을 자본가가 행하고, 전에 자본가가 하던 일을 B가 행한 것뿐입니다. 판매자와 구매자만 바뀌었지 매매는 역시 매매일 뿐입니다. 지난번과 마찬가지로 마법은 일어나지 않았습니다. 그저 상품유통을 구매자의 눈으로 한 번 봤고 판매자의 눈으로 다시 본 것뿐이죠.

자, 이렇게 우리는 자본의 유통형태, 즉 G-W-G를 모두 살펴봤는데요. 자본의 유통이라고 해서 화폐의 유통과 다른 뭔가가 있는 줄 알았는데 진상 조사를 해보니 아무것도 없습니다. 자본의 일반 정식에 따르면 분명 자본의 유통에서 잉여가치가 생겨나야 하는데요. 유통형태의 앞 장면에서도 뒤의 장면에서도 사건을 목격하지 못했습니다. 가치증식이 일어난 것은 분명한데 어느 장면에서도 그걸 볼 수가 없습니다. 현장을 덮치려고 시장에서 며칠간 잠복근무를 했던 우리의 노고가 어째 허사로 돌아가는 분위기입니다.

더 불길한 것은 자본가를 미행해서 본 것이 지난번 아마포 직조공을 따라가서 본 것과 다르지 않다는 점입니다. 이전에 우리는 '유통수단으로서 화폐'가 어떤 것인지 알아보려고 아마포 직조공의 뒤를 밟아 시장에 갔었죠.[김, 136; 강, 173] 방금 본 것과 같은 장면을 그때 이미 보았습니다. 아마포 직조공은 돈을 내고 성경책을 샀고, 그 전에 아마포를 팔아 돈을 받았습니다. 그도 한 번은 구매자였고 한 번은 판매자였습니다. 다만 자본가와 순서가 달랐죠. 장면 자체는 바뀐 게 없습니다. 그런데 그때는 잉여가치가 생겨나지 않았거든요. 아마포를 팔 때도 성경책을 샀을 때도 가치의 증식은 없었습니다.

가만, 유통에서 정말 가치증식이 일어나기는 하는 걸까요. 똑같은 유통인데 아마포 직조공한테는 일어나지 않은 일이 자본가에게는 일어난다는 게 믿기지 않습니다. 우리가 엉뚱한 곳에 잠복해 있는 것 아닐까요. 우선 유통에서 정말 잉여가치가 생겨날 수 있는지부터 따져봐야겠습니다. 마르크스도 우리랑 의견이 같습니다. "오히려 우리는 단순 상품유통이, 거기에 들어가는 가치의 증식, 즉 잉여가치의 형성을 허용하는지를 살펴봐야 할 것이다."[김, 205; 강, 238]

◦ 진상 조사①—

필요한 물건을 얻었다고 가치가 늘어난 것은 아니다

다시 기본부터 점검해봅시다. 소중한 단서를 놓친 곳이 있을지 모르니까요. 유통 어딘가에 자본가가 잉여가치를 챙길 여지가 있지는 않은지 샅샅이 살펴보죠. 유통이란 기본적으로 상품유통입니다. 화폐는 이것을 매개했을 뿐이고요. 가장 단순한 유통에서 시작해볼까요. 서로 다른 두 상품의 교환 말입니다. 다시 『자본』 제1장으로 돌아갔네요.

혹시 이게 단서 아닐까요. 두 상품을 교환하는 이유 말이에요. 교환이란 자기에게 필요 없는 상품을 필요한 상품과 바꾸는 거잖아요. 내게 쓸모가 없는 물건을 꼭 필요한 물건과 바꾼 것이니까 땡잡았다고 볼 수 있지 않을까요. 무가치한 것을 처분하고 소중한 것을 얻었으니 가치가 늘어난 거죠. 바로 여기가 가치증식이 일어난 곳 아닐까요.

실제로 콩디야크(Étienne Bonnot de Condillac)가 『상업과 정부』 Le Commerce et le gouvernement(1776)에서 그런 주장을 폈습니다. "상품교환에서 동등한 가치와 동등한 가치가 교환된다는 것은 옳지 않다. 그 반대다. …… 어떤 사람에게 더 필요한 것은 다른 어떤 사람에게는 덜 필요하며 그 반대가 되기도 한다. ……우리가 자기 자신의 소비에 불가결한 물건을 판매에 내놓는 일은 결코 없다. ……우리는 우리에게 필요한 물건을 얻기 위해 우리에게 쓸모없는 물건을 내놓으려고 한다. 더 필요한 것과의 교환으로 덜 필요한 것을 주려고 한다. ……교환되는 두 물건이 동일한 양의 금으로 표현될 때, 교환에서는 동등한 가치가 동등한 가치와 교환된다고 판단하는 것은 당연했다. ……그러나 또한 다른 측면도 고려해야 한다. 문제는 우리들 모두가 필요한 물건을 얻기 위해 남아도는 물건을 교환하고 있는 것 아닌가 하는 것이다."[김, 208~209; 강, 240~241, 재인용]

그러나 마르크스는 고개를 가로젓습니다. 콩디야크가 이익이라고 생각한 것은 '사용가치'라고요. 목마른 사람에게는 물이, 꾸미고 싶은 사람에게는 보석이 가치 있겠지만 그건 교환가치가 아닙니다. 이미 스미스가 말했지요. 교환의 결과 기분은 좋아졌겠지만 가치[교환가치]는 조금도 늘어나지 않았습니다. 콩디야크는 사용가치와 교환가치를 혼동했습니다.

게다가 콩디야크가 상정한 상품교환은 자본주의 생산양식에서의 교환이 아닙니다. 마르크스의 말을 들어볼까요. "[그는] 유치하게도 생산자가 자기의 생활수단을 직접 생산하고 자기 욕망을 채우고 남은 초과분 즉 잉여분만을 유통에 내놓는 상태를, 발달된 상품생산 사회와 슬쩍 바꿔치기하고 있다."[김, 209; 강, 241] 우리가 추적하고 있는 잉여가치의 소유자인 자본가는 자신의 생활수단을 직접 생산하는 사람이 아닙니다. 게다가 자본주의 생산양식에서 상품은 쓰고 남은 잉여물이 아닙니다. 오히려 생활의 필수품이죠. 자본주의 사회에서는 생필품도 상품 형식으로 공급됩니다. 잉여가치는 이런 사회에서 생겨난 것이고요. 그런데 남아도는 잉여물을 필요한 물건과 교환해 잉여가치가 생겨났다고 말하면, 사용가치와 교환가치의 구분을 못하는 것만큼이나 자본주의와 비자본주의를 구분하지 못하는 것이죠. 가치도 혼동했지만 시대도 혼동한 겁니다.

○ 진상 조사② —

물건을 더 얻었다고 가치까지 더 얻은 것은 아니다

아무래도 첫 번째 추리는 기각해야겠습니다. 필요 없는 물건과 필요한 물건을 교환한다고 잉여가치가 생겨나는 건 아닙니다. 그럼 이건 어떤가요. 필요 없는 물건은 아니지만, 각자가 잘 만드는 물건이 있잖아요. 저마다 잘하는 게 있을 테니 각자 쉽게 많이 만들어낼 수 있는 물건을 상대방의 물건과 바꾸면, 똑같은 가치라고 해도 내가 직접 만들 때보다 더 많은 양을 얻을 수 있을 겁니다.

예를 들어 포도주 제조업자 A와 곡물 생산자 B의 교환을 생각해볼까요. 동일 시간 노동한다고 했을 때, A보다는 B가 작업했을 때 더 많은 곡물을 거둘 수 있고, B보다는 A가 작업했을 때 더 많은 포도주를 만들어낼 수 있습니다. 이 두 사람이 교환한다는 것은 동일한 시간, 즉 동일한 교환가치를 기준으로 더 많은 포도주와 더 많은 곡물을 받는다는 겁니다. 둘의 교환은 분명 큰 이득이 됩니다. 50병의 포도주가 100병으로 바뀌는 것이고, 50포대의 밀이 100포대로 바뀌는 것이니까요.

그런데 마르크스는 다시 고개를 가로젓습니다. 역시 사용가치라는 면에서만 그렇다고요. 예전에는 포도주 50병에 해당하는 가치가 이제는 포도주 100병과 같은 것뿐입니다. 이건 리카도가 이미 말했죠. 양말을 500켤레 생산하던 공장에서 새로운 기계 도입으로 1000켤레를 생산하게 되었다고 해도 가치가 두 배 늘었다고 말할 수 없다고요. 다른 조건들을 무시한다면, 양말 한 개의 가치가 반으로 준 것이라고 했죠. 양말을 생산하기가 더 쉬워졌으니까요.

아무래도 단순 상품유통은 안 되겠어요. 상품 두 개만 교환하니까 생각해볼 경우의 수가 너무 적어요. 그럼 확대된 상품교환을 생각해볼까요. 화폐가 매개하는 상품유통 말입니다. 상품과 상품이 아니라 상품과 화폐가 교환되는 곳에서는 잉여가치를 생각해볼 단서를 찾을 수 있지 않을까요?

마르크스는 이번에도 미소를 지으며 고개를 가로젓습니다. 사태는 조금도 달라지지 않는다고요. 포도주를 곡물이 아니라 금덩어리로 바꾼다고 해도 달라질 건 없습니다. 금의 양이 나타내는 것은 포도주의 가치이지 그 이상이 아닙니다. 금을 지폐로 바꾸어도 마찬가지입니다. 유통수단인 화폐는 유통에 들어오기 전에 결정된 상품의 가치를 표시할 뿐입니다. 가치량에는 변화가 없습니다. 상품과 화폐의 교환은 가치형태의 변화일 뿐 가치량의 변화가 아닙니다. 그냥 교환가치가 다른 탈을 쓰고 있을 뿐입니다. 금화를 은화로 바꾸든, 5파운드 은행권을 실링으로 바꾸든 상응하는 화폐량은 달라질지 모르지만 가치량이 변한 건 아닙니다.

여기서 멈추어야 할 것 같습니다. 단순한 상품유통이든 확대된 상품유통이든, 유통에서는 잉여가치가 생길 수 없습니다. 상품교환의 기본 공리가 있었죠. 우리는 사용가치가 다른 상품을 교환합니다. 하지만 교환할 때의 가치[교환가치]는 같아야 합니다. 그러니까 아무리 발버둥 쳐봐야 상품유통에서는 가치의 증식을 해명할 수 없습니다. 마르크스는 갈리아니(F. Galiani)의 말을 인용했는데요. 지금까지 유통에서 여러 가능성을 검토해온 우리로서는 너무 얄미울 정도로 간명합니다. "평등이 있는 곳에는 이익이 없다."[김, 208; 강, 240]

∘ 진상 조사③—
특권을 행사한다고 가치가 느는 건 아니다

그럼 이제 유통영역에 대한 검토는 그만두어야 할까요. 아직 아닙니다. 우리가 검토해보지 않은 게 있습니다. 『자본』에서 마르크스는 인물들을 경제적 범주의 담지자로서만 다룹니다. 별도의 개성을 인정하지 않았어요. 판매자와 구매자도 그렇게 봤고요. 상품을 직접 교환하는 사람이든, 상품과 화폐를 교환하는 사람이든 각각의 개성은 고려하지 않았습니다. "이들이 서로에게 미치는 힘은 그들이 가진 상품의 힘뿐"이라고 전제합니다.[김, 210; 강, 242] 그러다 보니 서로 다른 두 상품의 교환은 등가교환일 수밖에 없습니다. 오로지 상품의 가치만 고려하고 개인적 혹은 사회적 위력 같은 건 고려하지 않았으니까요.

하지만 상품교환은 사람이 하는 것이잖아요. 마르크스도 이 점을 인정합니다. "현실에서는 사태가 순수한 형태로 진행되지는 않는다"라는 걸요.[김, 210; 강, 242] 원리상으로는 등가교환이어야겠지만 판매자나 구매자가 가진 어떤 특권 때문에 부등가교환이 생겨날 수 있다는 것이죠. 우리의 탐정이 잠복근무를 했다고 했지만 상품과 화폐를 교환하는 것만 봤지 그 액수를 세어본 건 아니니까, 혹시 압니까. 어떤 설명할 수 없는 특권 덕분에 자본가가 구매자로서 판매자 A에게 제값을 치르지 않고 물건을 더 싸게 샀는지. 혹은 판매자로서 구매자 A에게 웃돈을 받아냈는지도 모르죠. 이처럼 특권을 이용해 덜 주거나 더 받아낸 돈이 잉여가치 아닐까요.

좋습니다. 상품유통 영역에서 이런 가능성도 검토해봅시다. 다만 이 경우에도 특정 개인의 치부 과정을 조사하는 것은 아니니까 자본가가 구매자인 한에서만 특권을 누린 경우와 판매자인 한에서만 특권을 누리는 경우로 나누어 살펴보겠습니다.

먼저, 이유를 설명할 수는 없지만 구매자, 그러니까 화폐를 가진 사람에게 어떤 특권이 있다고 해보죠. 상품을 생산한 사람이 울며 겨자 먹기로 물건을 싸게 넘겨야 한다고 해봅시다. 100의 가치를 가졌지만 90에 넘겨야 한다고요. 그렇다면 우리의 자본가는 자본 유통형태(G-W-G')의 첫 번째 국면(G-W)에서 10만큼의 잉여가치를 챙길 수 있습니다. 그렇다면 이것이 순환을 마쳤을 때의 증가분(ΔG)이 되겠지요.

　이로써 문제가 다 풀렸을까요. 이제 화폐소유자에게 그런 특권이 있다는 점만 보이면 될까요. 그렇지 않습니다. 그런 특권의 존재는 증명할 필요도 없습니다. 그런 게 설령 있다 해도 잉여가치는 해명되지 않습니다. 왜냐하면 두 번째 장면에서 자본가의 잉여가치는 사라져버리니까요. 자본가는 두 번째 장면에서는 판매자입니다(W-G). 첫 번째 장면에서는 돈을 가졌다고 으스댈 수 있지만 두 번째 장면에서는 돈을 가진 사람에게 굽실해야 합니다. 이번에는 그가 100의 가치를 가진 물건을 90에 넘겨야 하는 상황일 수 있는 것이니까요.

　참고로 경제학자 토렌스(R. Torrens)가 이런 주장을 폈습니다.[김, 212; 강, 244][48] 잉여가치란 생산자 내지 판매자가 물건 값을 본래 가치보다 더 올려 받는 것에서 생겨난다고요. 그러나 우리의 자본가는 상품의 생산자이고 판매자이지만 그 이전에 상품(원료 등)의 구매자이기도 하다는 점을 잊어서는 안 됩니다. 만약 자본가가 계속 상품의 가치 이상으로 값을 올려 받아 잉여가치를 얻으려면, 그는 계속 판매자이기만 해야 하고 상대방은 계속 구매자여야 합니다. 즉 생산은 하지 않고 소비만 하는 계급이 있어야 하죠.

　마르크스는 이런 상상에 부합하는 역사적 사례를 하나 언급합니다.[김, 213; 강, 245] 고대 로마와 소아시아 도시들의 교역이죠. 소아시아 도시들은 매년 로마에 '화폐 공납'을 했습니다. 귀금속을 세금처럼 바쳐야 했죠. 그런데 소아시아 사람들은 로마와의 교역에서 큰 흑자를 봤습니다. 비결은 가격 부풀리기였죠. 로마가 이 도시에서 난 상품들을 구매했거든요. 소아시아 사람들은 정복자를 속였다고 좋아했습니다. 하지만 마르크스는 속은 것은 소아시아 사람들 자신이라고 말합니다. 그들이 받은 상품의 대가는 그들이 바친 화폐로 지불된 거니까요. 누군가에게 계속 팔아먹으려면 그 누군가에게 계속해서 화폐가 흘러들어가야 합니다. 그래야 그 돈으로 소비자 역할을 할 수 있으니까요. 소아시아인들이 로마와의 교역에서 잉여를 많이 남겼다고 해도 이런 식으로는 결코 부유해질 수 없습니다. 그나마 덜 가난해진 것뿐이지요. 이런 식으로 자본가의 잉여가치를 해명할 수는 없습니다.

。 진상 조사④ —

사기를 쳐도 가치를 늘릴 수 없다

잠깐만요. 마지막 검토 사항이 남았습니다. 판매자나 구매자로서 가질 수 있는 특권을 검토하긴 했지만 우리는 여전히 판매자나 구매자 개인의 인간성을 검토하지는 않았잖아요. 유통에서 잉여가치 발생을 해명할 수 없는 것은 개인을 경제적 범주의 담지자로만 보았기 때문이 아닐까요. 솔직히 눈 뜬 채로 코 베이는 세상이잖아요. 장사꾼끼리의 거래는 특히 그렇죠. 좋습니다.『자본』을 서술하는 기본 방침은 아니지만 잠시 사기와 협잡, 폭력의 세계로 들어가보죠. 실제로 마르크스는 이런 가능성까지 한번 검토해보자고 말합니다. 유통에서 잉여가치를 해명하기 어려운 이유가 "등장인물을 인격화한 범주로서만 고찰하고 개인으로서는 파악하지 않은 데서 기인한 것일지도 모른다"라고 하면서요.[김, 214; 강, 245]

　　마르크스는 정말 믿음직한 탐정입니다. 현장을 샅샅이 검토하고 있잖아요. 잉여가치를 해명하는 일이 그만큼 중요하다는 뜻일 겁니다. 이런 가정을 해봅시다. 사실은 우리의 자본가가 대단히 교활한 사기꾼이라고요. 이를테면 40파운드짜리 포도주를 50파운드어치 밀과 바꾸었어요. 곡물 판매업자는 뒤늦게 이 사실을 알았어요. 하지만 따질 수 없었죠. 우리의 자본가는 폭력조직을 거느리고 있었고 관료와 경찰을 매수해두었거든요. 괜히 따지고 달려들었다가 더 큰 낭패를 볼수 있습니다. 그래서 피눈물을 삼키고 거래를 받아들였습니다(이런 식의 사기·폭력·매수는 이론과는 거리가 멀지만 현실에서는 그렇지 않죠. 특히 자본의 '시초축적'에서는 이런 게 중요한 역할을 합니다. 지금은 첨단 전자기기를 만드는 회사도 시초축적 때는 사카린 밀수 같은 걸 했답니다).

　　사기꾼이자 폭력배인 자본가의 거래 상황을 정리해볼까요. 거래 전 우리 자본가에게는 40파운드짜리 포도주가 있었고 곡물 판매업자에게는 50파운드어치 밀이 있었습니다. 전체로 보면 90파운드만큼의 가치가 있었던 것이지요. 그럼 거래 이후를 살펴볼까요. 이번에는 우리 자본가에게 50파운드 밀이 있고, 곡물 판매업자에게는 40파운드 포도주가 있습니다. 전체로는 여전히 90파운드죠. 총가치는 똑같이 90파운드인데 두 사람 사이의 분배만 바뀐 겁니다. 한쪽에서 증가된 가치는 다른 쪽에서 손실된 가치입니다. 마르크스는 이렇게 말합니다. 상품교환의 형식을 취하기는 했지만 실상은 10파운드를 훔치거나 강탈한 것과 다를 바 없는 거래였다고요. 전체 자본은 증식되지 않았으며, 오직 사기와 강탈로 한 사람의 가치가 늘고 다른 사람의 가치가 줄었을 뿐이죠. 이런 식으로 자본의 가치증식을 설명할 수는 없습니다. 게다가 한두 사람을 속일 수는 있어도 "한 나라의 자본가 계급 전체가 모두 서로에게 속임수를 쓸 수는 없는 일"이고요.[김, 214; 강, 246]

역시 이 경우에도 자본주의 생산양식에서 이뤄지는 잉여가치 창출을 설명할 수는 없겠습니다. 사기꾼이나 강도의 재산축적 과정을 설명할 수는 있지만 자본가의 잉여가치 설명으로는 부적절해 보입니다. 물론 앞서 잠깐 언급한 것처럼 자본가·사기꾼·강도를 구분하기 어려웠던 때가 있고 해군과 해적이 사실상 같은 짓을 할 때도 있었습니다.

아니, 이렇게 노골적인 사기나 강탈이 아니었다 해도, 전체 가치의 증식이 전제되지 않은 상태에서의 가치이전은 사기나 강탈과 크게 다르지 않습니다. 소위 상인자본이나 고리대자본이라고 불리는 것이 여기 해당합니다. 이들은 자본주의 이전의 자본형태라 할 수 있습니다. 고대나 중세에도 상업이나 고리대를 통한 귀금속의 축적이 있었습니다. 부를 끊임없이 증식시키기는 했지만 잉여가치를 생산했다기보다 부를 훔치거나 빼앗았다고 해야겠죠(물론 상인자본이 사기나 강탈만으로 부를 늘렸다고 말할 수 없는 부분도 있습니다. 그러나 단순 상품유통에 입각해 설명을 전개해야 하는 지금의 논의 수준에서는 거기까지 말할 수 없고요. 이에 대해서는 『자본』 III권 제4편을 참고하세요). 외견상으로는 상인자본이나 고리대자본 모두 자본의 유통형태(G-W-G')에 잘 맞습니다. 과거에도 상인들은 한 곳에서 물건을 구매하고(G-W) 다른 곳에서 판매해(W-G') 부를 늘렸으며, 고리대금업자들도 돈을 빌려준 뒤 이자를 받아 부를 늘렸습니다(G-G').

그런데 앞서 말한 것처럼 상인자본이나 고리대자본은 자본주의로의 역사적 이행을 돕기는커녕 가로막는 경우가 많았습니다. 사기와 약탈의 성격이 강할수록 그랬지요. 참고로 마르크스는 자본주의 이전의 상인자본과 고리대자본의 성격을 언급하며 프랭클린과 아리스토텔레스의 말을 인용했는데요. [김, 216; 강, 247~248] 프랭클린은 "전쟁은 약탈이고 상업은 사기"라고 했습니다. 아리스토텔레스는 "상업은 자연스러운 것이 아니고 남의 희생을 바탕으로 이루어지고 있"으며, 특히 고리대는 "모든 종류의 재산획득 기술 가운데 가장 자연에 배치된다"라고 했어요. 이런 면모 때문에 이들이 흥하면 고대

세계에서는 생산이 발전하기는커녕 더 황폐해지고 서민들이 노예로 전락하는 경우가 많았습니다.[49]

상인자본이 시장을 확대해 생산을 촉진하고, 고리대자본이 산업에 필요한 금융을 제공하게 된 것은 여러 조건들이 변하고 난 다음입니다. 근대의 상인자본과 고리대자본(은행 및 금융회사)은 과거와는 완전히 다른 기능을 수행합니다. 생산양식이 변했으니까요. 이제는 상업과 금융의 지원이 없는 산업 생산은 상상도 할 수 없게 되었죠. 과거에는 군주와 귀족, 거대 상인들에게만 제공되던 신용 대부가 18세기 후반(본격적으로는 19세기)이 되면 산업가들에게도 제공됩니다. 은행이 산업자본가들에게 대부를 한다는 것은 산업자본이 실현한 이윤[잉여가치]의 일부를 이자로 받는다는 뜻입니다.[50] 고리대자본이 명실상부한 이자 낳는 자본이 된 것이죠. 상인들도 마찬가지입니다. 이들도 산업생산 과정에서 새로 생겨난 가치의 일부를 판매의 대가로 받습니다.

그래서 마르크스는 이렇게 말합니다. 이들 자본은 한편으로 "자본의 근대적 기본형태보다 먼저" 나타났지만 다른 한편으로는 "파생적 형태"라고요.[김, 217; 강, 248] 이들은 근대적 자본에 역사적으로 선행했습니다. 사실 차원에서도 그렇고 논리 차원에서도 그렇습니다. 이들이 자본주의로의 역사적 이행을 방해하는 경우가 많았다 하더라도, 자본이 출현하려면 어느 정도 화폐자산이 축적되어 있어야 하고 일정 정도의 교역망이 발전해 있어야 하니까요. 일단은 이런 것들이 마련되어야 생산양식의 변동과 더불어 기능 변화가 생기겠죠. 하지만 자본주의 생산양식이 일단 지배하게 되면, 이들은 근대적 자본의 기본형태(아직 우리는 그것을 해명하지 않았습니다만 일단 산업자본이라고 해두겠습니다)에서 파생한 형태가 됩니다. 즉 스스로 가치를 증식하지 못하고 다른 곳에서 증식된 가치를 나눠 갖는 형태라는 것이죠.

그나저나 이제 됐습니다. 상인자본과 고리대자본까지 언급하며 이야기가 옆길로 샜는데요. 어쨌거나 더는 검토할 것이 남아 있지 않습니다. 유통에 관해서는 이만큼 뒤졌으면 됐습니다. 판단을 내려야 할 때입니다. 이곳에는 범인이 없습니다. "유통 즉 상품교환은 어떤 가치도 창조하지 않"습니다. [김, 215; 강, 246] 그러나 실망할 것 없습니다. 우리가 샅샅이 뒤진 만큼 범인이 숨을 곳은 이제 딱 한 곳뿐이니까요. 유통이 아니라면 어디겠습니까.

∘ 범인이 숨어 있는 그곳으로?

유통에서 잉여가치가 생기지 않는다면 유통 바깥으로 가야죠. 매매에서 생기지 않는다면 제작에서 생기겠죠. 이제 거의 다 왔습니다. 게다가 짐작되는 바가 있습니다. 자본주의에서 유통은 상호 평등한 존재로서 판매자와 구매자가 만나는 곳이니 잉여가치가 생겨나기 어려울 겁니다. 서로가 서로에 대해 상품의 등가성을 엄밀히 재려 들 테니까요. 하지만 유통 바깥으로 나오면 상품소유자는 상품에 대해 전권을 휘두를 수 있습니다. 시리즈의 3권『화폐라는 짐승』에서 보았듯 상품을 소유한다는 것은 그것에 전제적 권력을 휘두를 수 있다는 뜻이니까요.

유통 바깥에는 오직 상품소유자와 상품밖에 없습니다. 이곳은 누구도 끼어들지 못하는 상품소유자만의 배타적 영역입니다. 마르크스의 말처럼 "상품소유자가 자기 자신의 상품과만 관계를 맺을 뿐"이죠.[김, 217; 강, 249] 이런 곳이라면 자본가가 잉여가치를 만들어낼 수도 있지 않을까요.

이제 정말 눈을 부릅뜨고 있다가 잉여가치가 생겨나는 그 순간에 현장을 덮쳐야 합니다. 우리의 자본가는 목재 판매상에게 목재를 사 왔습니다. 돈을 주고 소유권을 넘겨받았죠. 이제 목재에 어떤 폭력을 가하든 상관없습니다. 마구 잘라내도 되고 못을 박아도 됩니다. 온종일 땀을 뻘뻘 흘리더니 마침내 책상 하나를 만들어냈습니다. 목재가 책상이 되었으니 분명 가치가 늘었습니다. 바로 여기군요, 잉여가치가 늘어나는 현장이.

그런데 마르크스가 다시 고개를 가로젓습니다. 투입된 노동량만큼—정확히 하자면 사회적 기준에 따라 측정되는 노동량만큼—가치가 늘어난 것은 사실이지만 잉여가치가 생긴 것은 아니라는 겁니다. 열 시간 노동을 했다고 열한 시간 노동한 만큼의 상품이 만들어지는 것은 아니라는 이야기죠. 마르크스는 매몰차게 말합니다. "이 노동량은 자기 상품의 가치량으로 표현되며 가치량은 계산화폐로, 이를테면 10파운드스털

링의 가격으로 표현된다. 그러나 그의 노동은 해당 상품의 가치이면서 [동시에] 그 가치 이상의 초과분까지 표시하는 것은 아니다. 즉 10이면서 동시에 11이기도 한 가격으로, 말하자면 자기 자신보다 더 큰 가치로서 표현되지 않는다."[김, 217; 강, 249]

다시 말하지만 유통 바깥에서는 상품과 상품소유자의 관계만 있습니다. 상품은 그 소유자가 행한 노동을 충실히 담아낼 뿐입니다. 목재를 책상으로 만듦으로써 상품의 가치를 늘린 것은 사실입니다. 목재의 가치에 제작자의 노동량이 더해졌으니까요. 하지만 책상을 제작하는 과정에서 더한 노동량 이상의 가치를 창출한 것은 아닙니다. 목재는 너무나 정직해서 흡수한 노동량을 책상이 되어서도 그대로 표시합니다. 아무리 열심히 일해도 일한 만큼입니다. 추가 보상은 없습니다.

결국 상품과 상품소유자 사이에서는 아무런 일도 생겨날 수 없습니다. "그러므로 유통영역 외부에서 상품생산자는 다른 상품소유자들과 접촉하지 않고서는 화폐나 상품을 자본으로 변신시킬 수 없다."[김, 218; 강, 249] 애써 범인을 유통에서 제작 현장으로 몰아두었는데 막상 제작 현장에 오니 여기에도 범인이 없습니다. 우리를 더 곤혹스럽게 만든 것은 제작 현장에서는 추론이 다시 유통 쪽을 가리키고 있다는 사실입니다. 유통에서는 유통 외부를 가리키고 유통 외부는 유통을 가리킵니다.

◦ 완전한 밀실살인 앞에서―여기가 로도스 섬이다

우리의 탐정은 최대 난제에 봉착했습니다. 완전한 밀실살인입니다. 사건은 일어났는데 범인이 들어온 흔적이 없습니다. 바깥에서 죽였나 했는데 그건 불가능한 일임이 판명되었습니다. 바깥에서는 살인이 불가능하고 안에는 범인이 없었습니다. 안을 조사하면 증거들이 바깥을 가리키고, 바깥을 조사하면 안을 가리킵니다.

경험적으로는 분명 잉여가치가 생기는데 논리적으로는 불가능한 겁니다. 눈앞에는 황금알을 낳는 거위가 있는데 논리적으로는 이런 거위가 생겨날 수 없습니다. "자본은 유통에서 생겨날 수도 없고 유통에서 생겨나지 않을 수도 없다. 자본은 유통에서 생겨나야 하는 동시에 유통에서 생겨나면 안 된다."[김, 218; 강, 249]

스핑크스 앞에 선 오이디푸스처럼, 더 나아가려면 우리도 수수께끼를 풀어야 합니다. 화폐가 자본으로 변신하는 것을 이해하고자 하는가. 그럼 이 문제를 풀어보라.

"아직 자본가의 애벌레에 불과한 우리의 화폐소유자는 상품을 그 가치대로 구매하고 그 가치대로 판매하면서도 끝에 가서는 자기가 투입한 것보다 많은 가치를 회수하지 않으면 안 된다. 애벌레로부터 나비로의 성장은 유통영역에서 일어나야 하며 동시에 유통영역에서 일어나서는 안 된다. 이것이 문제의 조건이다."[김, 219; 강, 250]

상품의 등가교환을 지키되 끝에서는 투입한 것보다 더

많이 끌어내야 합니다. 이것이 화폐가 자본으로, 애벌레가 나비로 변신하는 일입니다. 이런 일이 어떻게 가능하냐고요? 유능한 탐정이라면 이제 당신의 능력을 입증해야 할 때입니다. "여기가 로도스다. 여기서 한번 뛰어보라!"[김, 219; 강, 250]

4

특별한 상품

————

마르크스, 수수께끼를 풀다

우리의 자본가는
시장에서 원료나 도구만이 아니라
노동력도 구입합니다.
원료와 도구만으로는 상품을
만들어낼 수 없으니까요.
노동력을 구입했다는 것은
노동자에게 노동을 시킨다는 뜻입니다.
노동이란,
도구를 써서 원료를 변형시켜
새로운 물건을 만들어내는 활동입니다.
인간의 육체적·정신적 능력을
발휘하는 것이죠.

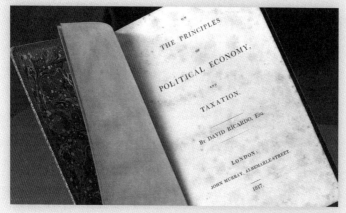

데이비드 리카도의 『정치경제학 및 과세의 원리』 제1판(1817).
마르크스가 '노동력'에 주목한 것은 우연이 아니다.
이미 스미스와 리카도가 '노동'이 가치의 척도이자 원천이라고 말한 바 있었다.
그런데 마르크스는 이들의 주장을 비판하며 거기에 중요한 변형을 가했다.
마르크스는 '노동력의 가치'와 '노동력을 사용해서 얻은 가치'의 차이를 말하면서,
스미스가 혼동했고 리카도가 덮어버린 두 가지 문제에 답했다.

문제를 풀려면 발상의 전환이 필요합니다. 우리의 과제는 등가교환을 통해 부등한 결과를 도출하는 것입니다. 지금까지의 접근법으로는 도저히 풀 수가 없습니다. 그렇다면 조사 방향을 바꿔보는 건 어떨까요. 우리는 자본가가 물건을 제값대로 사고팔았는지에만 관심을 두었습니다. 구매나 판매 쪽 어딘가에서 이익을 본 것 아닐까 하는 데 관심을 쏟았죠. 잉여가치란 교환가치[가치]의 증식분이니 그럴 수밖에 없었습니다. 우리는 그가 무슨 물건을 샀고 어디에 어떻게 썼는지는 신경쓰지 않았습니다. 상품의 사용가치는 교환가치와는 무관하니까요. 그런데 우리가 아예 관심을 꺼버린 여기에 뭔가가 있었던 것은 아닐까요. 이제까지 사용가치와 교환가치를 혼동하지 말라고 말해놓고 이게 또 무슨 말이냐고요? 이제부터는 탐정 마르크스의 추리를 들어볼 시간입니다.

◦ 발상의 대담한 전환—사용가치로 교환가치를 늘린다

자본이란 돈을 낳는 돈입니다. 돈이 늘어나는 거죠. 하지만 우리는 화폐 물신주의에 빠진 사람들이 아닙니다. 화폐에 신비한 힘이 있다고 믿지 않습니다. 마르크스는 제4장 제3절(영어판은 제6장)의 첫 문장에서 이 점을 확인해둡니다. "자본으로 전화되어야 할 화폐의 가치변화는 화폐 자체에서는 일어나지 않는다."[김, 220; 강, 250] 물건을 사거나 팔 때의 화폐는 말 그대로 화폐일 뿐입니다. 아이를 낳는다거나 스스로 가치를 불린다거나 하지 않습니다. 물건과 교환될 때 화폐는 차돌처럼 확고한 값을 갖고 있습니다. "자신의 형태 그대로 머물러 있을 경우 화폐는 가치 크기가 변하지 않는 화석"이 됩니다.[김, 220; 강, 250]

지금까지 우리는 자본의 일반 정식(G-W-G')을 둘로 나누었는데요. 상품의 구매 국면(G-W)과 판매 국면(W-G')으로 나누었죠. 정식만 보면 잉여가치는 두 번째 국면에서 생기는 것 같습니다. 여기에 가치증가분이 들어 있으니까요(G'=G+ΔG). 그러나 앞서 본 것처럼 여기서 가치증식은 일어날 수 없습니다. 자본가가 생산물을 들고 와서 화폐로 바꾸는 것은 가치의 형태 변화에 불과하니까요. 등가교환을 전제한다면, 만 원짜리 물건과 만 원을 바꾸는 것이니 가치변동이 일어날 까닭이 없죠.

그런데 등가교환이라는 말은 우리에게 가치증식이 비단 화폐(G')에만 표현된 게 아님을 알게 해줍니다. 더 큰 화폐와 교환된다는 것은 상품도 그만큼 가치를 갖는다는 뜻이니까요. 그렇다면 우리는 두 번째 국면의 상품을 W'로 표기하는 게 나을 겁니다. 자본가의 판매는 W'-G'인 셈이죠. 자본가가 판매하는 상품은 이미 가치증대가 일어난 후의 것입니다. 이건 무슨 의미일까요? 잉여가치의 발생을 알아내려면 그 이전 단계로 가야 한다는 뜻이죠.

그렇다고 첫 번째 국면에서 잉여가치가 생기는 것은 아닙니다. 상품을 화폐와 바꾼다고 잉여가치가 생길 수 없듯 화폐를 상품과 바꾼다 해도 잉여가치가 생기지 않습니다. 자본가의 구매(G-W)에서도 가치증식은 일어날 수 없죠. 방금 두 번째 국면에서 그랬듯 관심을 상품 쪽으로 옮겨보겠습니다. 구매에서도 화폐와 상품은 등가교환이니까 여기의 상품(W)은 아직 가치증식이 일어나지 않은 상태입니다.

도대체 어디서 가치증식이 일어나는지 드러내기 위해 자본의 일반 정식을 조금 변형해보겠습니다. G-W-W'-G'라고 해보죠. 이제 어딘지 아시겠습니까. 등가교환을 전제하면 가치량은 G=W, W'=G'입니다. 그런데 자본의 일반 정식이 성립하려면 두 번째 국면에서 상품과 화폐의 가치가 첫 번째 국면의 것보다 커야 합니다(G=W<W'=G').

따라서 가치의 증식은 자본가가 구매한 상품과 판매한 상품 사이에서 이루어지고 있습니다(W...W'). 이게 무슨 뜻일까요.

자본가는 구매한 물건을 이용해 새로운 물건을 만든 뒤 판매합니다. 구매에서도 판매에서도 가치증식은 일어나지 않습니다. 그렇다면 길은 하나밖에 없습니다. 자본가가 구매한 물건을 '이용'하는 과정, 다시 말해 그것을 소비하는 과정에서 가치증식이 일어나야 합니다. 이 과정에서 투입한 것 이상의 가치가 생겨나야 합니다. 말하자면 첫 번째 국면에서 구매한 상품의 '사용가치'에서 두 번째 국면에서 판매할 제품의 '교환가치' 증대를 끌어내야 합니다.

어떻습니까. 이것이 마르크스의 추론입니다. 상품의 교환가치[가치]가 저절로 늘 수는 없으니 상품의 사용가치에서

교환가치가 늘어날 가능성을 검토해야 한다는 거죠. 가치증식이 일어난다면 자본가가 구매한 상품을 사용함으로써, 즉 그 상품의 소비과정에서 일어나는 수밖에 없다고요. 정말 깜짝 놀라지 않을 수가 없습니다. 천재적 지성 때문이 아니라 바보 같은 무모함 때문에 말입니다.

세상에나! 사용가치를 통해 가치를 증대시킬 수 있다고요? 이건 말이 안 됩니다. 우리가 『자본』 제1장에서 처음 한 일이 사용가치와 교환가치를 구분한 일이었잖아요. 상품을 사용해서 얻는 즐거움과 그 상품의 가치는 완전히 다른 것입니다. 커피를 맛있게 먹었다고 커피의 가치가 증대하는 것은 아닙니다. 커피를 마시는 즐거움, 즉 사용가치는 증대하겠지만요.

상품의 사용가치로는 그 상품의 가치를 증대시킬 수도 없지만 다른 상품의 가치도 증대시키지 못합니다. 맛있는 커피를 멋있는 잔에 담아 파는 카페가 있다고 합시다. 이때 잔은 소모되는 만큼의 교환가치를 커피 한 잔 값에 포함시킬 뿐입니다. 투입된 가치 이상은 만들어내지 못합니다. 이를테면 만 원짜리 커피잔은 그 잔을 1000회 정도 사용할 수 있다고 할 때 한 잔당 10원의 가치를 커피값에 더할 뿐입니다. 사용을 잘했다고 해서 10원어치가 마모되면서 20원어치의 가치가 전달되는 것은 아닙니다. 사용가치는 가치에 관여할 수 없습니다. 오식 가치만이 가치에 관여합니다. 너무나 정직하달까요. 10원의 가치를 썼으면 10원의 가치가 추가되고 20원의 가치를 썼으면 20원의 가치가 추가될 뿐입니다.

마르크스가 도출한 해법은 상품교환의 기본 법칙인 등가교환은 지켰지만 사용가치와 교환가치의 구분을 어겼습니다. 그는 사용가치와 교환가치 구분의 중요성을 모르는 사람이 아니기에 그의 해법은 무모해 보일 정도로 대담합니다.

다시 정리하면 이렇습니다. '자본'이 가능하려면, 즉 잉여가치가 생겨나려면, 자본가가 구매한 상품의 '사용'을 통해 가치가 늘어나야 한다는 추론은 불가피해 보입니다. 그런데 이 추론은 '사용가치와 교환가치를 혼동하지 말라'라는 가치론의 기본 율법을 위반했습니다. 자본의 존재를 인정할 것인가, 가치론의 율법을 준수할 것인가. 그런데 역사를 공부하다 보면 우리는 율법에 통달한 '영리한 현자'가 아니라 내면의 확신을 밀고 가는 '무모한 바보'가 혁명에 성공하는 걸 볼 때가 많지요.

○ 노동력이라는 특별한 상품

마르크스는 자본가가 구매한 상품 중에 사용가치를 통해, 그러니까 상품의 사용을 통해 가치증식이 가능한 경우가 있는지 찾아보자고 말합니다. 일반적으로는 불가능하지만 혹시 그런 상품이 있는지 보자는 거죠. "어떤 상품의 소비에서 가치를 끌어내기 위해서는, 우리의 화폐소유자는 유통영역의 내부, 즉 시장에서 이런 상품을 발견할 수 있을 정도로 운이 좋아야 한다. 즉 그 상품의 사용가치가 가치의 원천이라는 독특한 성격을 가졌으며, 그것의 현실적 사용 자체가 노동의 대상화, 다시 말해 가치창조인 그런 상품 말이다."[김, 220~221; 강, 251]

정말로 시장에 그런 상품이 있을까요. 우리의 자본가는 천운을 타고났나 봅니다. 그런 상품이 있었거든요! "노동능력(Arbeitsvermögen) 또는 노동력(Arbeitskraft)이 바로 그것"입니다. 노동력이란 "인간의 신체, 인간의 살아 있는 인격 안에 있는 육체적·정신적 능력으로, 인간이 어떤 종류의 사용가치를 생산할 때마다 작동시키는 것"입니다.[김, 221; 강, 251]

자본가는 노동자에게서 이 상품을 구입합니다. 그러나 노동력은 살아 있는 신체에만 들어 있는 능력이라 신체 자체를 사들이지 않는 한 그 능력을 소유할 수 없습니다. 그런데 살아 있는 인간의 신체를 살 수 있다면 노예제사회겠죠. 그러니까 자본가가 구매한 것은 노동력의 소유권이 아니라 사용권 내지 처분권입니다. 노동자의 능력을 얼마 동안 사용할 권한을 얻는 겁니다. 일종의 임대 상품이라 할 수 있죠. 이 상품은 다른 모든 상품과 달리, 어떻게 사용하느냐에 따라 투입한 것 이상의 가치를 낳게 할 수 있습니다. 말하자면 황금알을 낳는 진짜 거위는 이 상품 즉 노동력인 것이죠. 노동력을 통한 가치증식의 구체적 과정은 이 시리즈의 다음 책(《북클럽『자본』》 5권)에서 볼 겁니다.

그런데 마르크스가 노동력에 주목한 것은 우연이 아닙니다. 시리즈 2권에서 본 것처럼 당시의 정치경제학자들, 특히 스미스와 리카도는 '노동'이 가치의 척도이자 원천이라고 말한 바 있습니다. 마르크스가 이들의 주장을 그대로 받아들인 건 아닙니다. 중요한 변형을 가했죠. 가치의 척도이자 원천인 노동은 구체노동이 아니라 추상노동이고, 이 노동은 사회적이며 역사적인 것이라고 했어요. 그러나 어떻든 노동이 모든 가치의 원천이라면 잉여가치도 예외일 수 없습니다. 잉여가치도 가치인 한 노동에서 생겨나야 합니다. 마르크스가 잉여가치의 비밀을 찾기 위해 노동력이라는 상품에 주목한 것은 당연합니다.

우리의 자본가는 시장에서 원료나 도구만이 아니라 노동력도 구입합니다. 원료와 도구만으로는 상품을 만들어낼 수 없으니까요. 노동력을 구입했다는 것은 노동자에게 노동을 시킨다는 뜻입니다. 노동이란 도구를 이용해 원료를 변형시켜 새로운 물건을 만들어내는 활동입니다. 인간의 육체적·정신적 능력을 발휘하는 것이죠.

이를테면 노동자는 톱과 망치를 이용해 목재로 책상을 만들어냅니다. 생산물인 책상은 목재의 물리적 성격을 보존하면서도 새로운 사용가치를 갖습니다. 노동자의 노동은 이처럼 새로운 사용가치를 만들어냅니다. 그런데 자본주의에서는 사용가치만 만들어내는 게 아닙니다. 책상은 단순한 노동생산물이 아니라 상품입니다. 교환가치를 갖는 물건이죠. 자본가의 목적을 잊으면 안 됩니다. 그가 왜 노동자를 고용해 책상을 만들었겠습니까. 부모가 아이에게 책상을 손수 만들어준 것과는 다르죠. 상품인 한에서 책상에는 사용가치만이 아니라 가치가 있습니다. 이 가치도 노동자가 생산한 것이죠. 바로 이 일을 하라고 노동자를 고용한 것이니까요.

그런데 책상의 가치가 자본가가 구입한 상품, 즉 목재, 톱, 망치, 노동력 등의 가치 합계와 같다면 어떻게 될까요. 우리의 자본가로서는 남는 게 없습니다. 판매로 얻은 가치가 구매할 때 쓴 가치와 동일하니까요. 자본가가 책상을 내놓은 것은 세상에 편익을 제공하기 위해서가 아니라 돈을 벌기 위해서입니다. 투입과 산출이 같다면 정의는 실현되었는지 몰라도 자본가의 욕망이 실현된 것은 아닙니다. 최종 산물인 책상의 가치는 원료, 도구, 노동력의 가치를 합한 것보다 커야 합니다. 가치증식이 일어나야 하는 겁니다.

자본가가 노동력이라는 상품을 구매한 이유가 이것입니다. 겨울에 외투를 구매한 사람은 외투의 보온 속성, 즉 그 사용가치를 원했기 때문입니다. 노동력을 구매한 자본가도 마찬가지입니다. 그도 노동력의 사용가치를 원합니다. 그게 뭘까요. 바로 가치의 증식입니다. 노동력의 독특함이 여기에 있습니다. 노동력은 가치의 보존과 증식을 사용가치로 갖는 상품입니다. 노동자는 노동하면서 자본가가 원료와 도구, 노동력을 구입하느라 써버린 가치를 최종 생산물에 빠짐없이 옮겨 담아 추가 가치를 만들어냅니다. 비용을 보존하면서 이윤까시 창출하는 거죠. 다시 말하지만 노동력은 그 사용가치가 가치의 보존과 증대라는, 다른 어떤 상품도 갖지 않는 독특한 성격을 갖고 있습니다.

○ 여물의 양과 밭을 가는 시간은 별개다

방금 노동력에 대해서는 사용가치와 교환가치의 구분이 깨진 것처럼 말했는데요. 오해해서는 안 되는 게 있습니다. 노동력이라는 상품 자체의 사용가치와 교환가치는 분명히 구분됩니다. 노동력의 가치는 그것의 사용 여부와 무관하게 정해집니다. 노동력도 상품인 한에서 그것을 생산하는 데 필요한 사회적 노동량에 따라 가치가 정해지죠. 그러니 노동력을 사용해 가치를 증식시킨다는 것은 노동력의 가치를 증식시킨다는 뜻이 아닙니다. 가치가 늘어나는 것은 노동력이 아니라, 노동력을 사용해서 만든 상품, 이를테면 책상의 가치가 늘어나는 겁니다. 이것도 엄밀히 하자면, 책상 자체의 가치가 갑자기 늘어나는 것은 아니고요. 책상 제작에 투입된 상품들의 가치 합계보다 최종생산물인 책상의 가치가 더 크다는 겁니다.

가치의 실체가 노동[추상노동]이라고 했는데요. 노동력을 사용하면 노동이 상품에 들어갑니다. 노동력의 사용이란 가치의 실체인 노동을 대상에 넣는 일입니다('노동의 대상화'라고 하죠). 노동과정이란 사용가치의 생산과정인 동시에 가치의 형성과정이라고 할 수 있습니다.

여기가 아주 중요한 대목인데요. 우리는 마르크스가 노동력과 노동을 철저히 구분하고 있음을 알 수 있습니다. 고전정치경제학자들은 자본가가 원료와 도구를 사는 것처럼 노동을 사서 상품을 생산한다고 생각했는데요. 마르크스는 자본가가 구매한 것은 노동이 아니라 노동력이라고 한 겁니다. 가치의 실체인 노동은 상품이 아닙니다. 노동력이라는 상품의 사용을 통해 얻는 것이죠.

앞서 말한 것처럼 스미스나 리카도도 상품의 가치란 그 상품을 생산하는 데 필요한 노동량이라고 생각했습니다. 상품들의 교환비율은 각 상품에 내재한 노동량의 비율에 다름 아니라고 생각했지요. 따라서 만약 상품소유자들이 각자 생산한 물건을 가져와 교환하는 경우라면 크게 문제 될 게 없습니다. 그런데 자본주의에서는 상품의 생산자와 소유자가 다릅니다. 자본가는 노동하는 사람이 아니라 노동을 시키는 사람입니다. 그는 노동하는 사람을 시장에서 구해 와야 하죠. 여기서 곤혹스러운 문제가 생기는데요. 노동은 가치의 척도인 동시에 시장에서 거래되는 상품인 겁니다(당시 정치경제학자들은 노동과 노동력을 구분하지 않았으므로, 아주 잠시 동안만 '노동'을 가치의 실체이면서 동시에 상품인 것처럼 말하겠습니다).

방금 내가 곤혹스럽다고 했는데요. 이것은 정치경제학자의 곤혹스러움이지 자본가의 곤혹스러움은 아닙니다. 사실 자본가에게 노동은 여느 상품과 다를 바 없는 상품입니다. 회계장부의 지출 항목 중 하나일 뿐이죠. 이윤을 내려면 노동자를 고용해야 한다는 사실은 알지만, 그 이윤이 목재에서 나오든 망치에서 나오든 노동에서 나오든 알 바 아니죠. 하지만 과학자인 정치경제학자로서는 이 문제를 해명하기가 간단치 않습니다.

상품의 가치를 규정하는 것이 노동이라면, 노동의 가치는 어떻게 규정되는가. 스미스는 여기서 흔들렸습니다.[51] 그는 노동의 실질가격[가치]은 "노동에 제공되는 생활필수품과 편의품의 수량"이라고 답했습니다. 다른 상품들은 노동으로 재지만 노동은 다른 상품들로 재는 것이죠. 그는 전자의 의미와 후자의 의미가 다르다는 것을 깨닫지 못했습니다. 다른 모든 상품들의 가치를 노동으로 잰다는 것은 노동을 가치의 절대적 척도로 삼는다는 뜻이고, 노동을 여느 상품처럼 다른 상품으로 잰다는 것은 노동을 상대적 척도로만 삼는 것이지요. 후자의 역할은 금이나 아마포도 할 수 있지요.

스미스가 문제를 전혀 못 느낀 것은 아닌 듯합니다. 노동의 가치는 "금은 또는 기타 상품에 의거하는 것보다는 노동자의 생활수단인 밀에 의거하는 것이 낫다"라고 말했거든요. 즉 노동의 가치는 노동에 필수적인 상품으로 재는 게 낫다고 본 것이지요. 다른 상품들의 가치는 노동으로 재고, 노동의 가치는 노동자의 필수품, 특히 밀로 재자고 했습니다. 밀 역시 절대적 척도는 아니지만 "노동가격과 가장 근사하게 비례하기 때문에 이것으로 만족해야 한다"라고 했어요.[52]

리카도는 여기서 한숨을 내쉬었죠. 위대한 학자 스미스가 어이없는 실수를 저질렀다는 걸 알아차렸기 때문입니다. "금이나 은 같은 가변적 매체가 척도로 부적당하다는 걸 그렇게 훌륭하게 설명해놓고도, 곡물이나 노동에 매달림으로써 그에 못지않은 가변적 매체를 [다시] 선택하고 말았다"라고요.[53] 스미스는 가치의 불변의 척도를 제시하는 데 실패했습니다. 리카도는 스미스의 최대 업적은 노동이 가치의 근거라고 주장한 데 있으며, 이것이야말로 "정치경제학에서 가장 중요한 학설"이라고 했습니다.[54]

그럼 리카도는 가치의 절대적 척도 문제를 어떻게 해결했을까요. 그는 이 문제를 근본적으로는 해결할 수 없다고 보았고 임시방편으로 넘어가려 했습니다. "상품들의 상대가치가 변했을 때, 실질가치에 있어 그들 중 어느 것이 상승했는가를 확인하는 수단을 갖는 것은 분명히 소망스러운 일이며", 이는 "불변의 표준적 가치척도와 비교함으로써만 알 수 있는 일이지만 그러한 척도를 입수하는 것은 불가능"하다고 했죠. 이론적으로는 불변의 척도를 상정할 수 있지만 현실적으로는 불가능하다는 이야기입니다. "다만 연구 목적을 위해 금으로 만든 화폐가 불변이라고 가정할 뿐"이라는 거죠.[55]

그런데 마르크스는 '노동의 가치'라는 말 자체가 우스꽝스럽다고 생각했습니다. '노동의 가치'라는 말은 '무게의 무게'라는 말과 다를 바 없기 때문입니다. 열 시간 노동이 들어간 상품은 열 시간 노동의 가치를 갖습니다. 그렇다면 열 시간 노동의 가치는 얼마나 될까요. 노동이 척도라면 열 시간 노동은 열 시간 노동의 가치를 갖겠죠.[56] 이건 마치 1킬로그램의 무게가 얼마냐고 묻는 것처럼 우스꽝스러운 질문입니다. 물론 1킬로그램은 밀 다섯 컵이라고 말할 수 있을 겁니다. 그러나 밀 다섯 컵의 무게가 1킬로그램인 한에서는 아무런 의미도 없는 이야기입니다. 이게 바로 스미스가 범한 오류죠.

그렇다면 시장에서 거래되는 상품, 여느 상품처럼 가격이 변동하는 상품으로서 노동의 정체는 무엇일까요. 이에 대한 마르크스의 답변이 '노동력'입니다. 노동자의 육체적·정신적 능력인 '노동력'의 사용권이 그렇게 거래되는 것이라고요. 노동의 가치란 따로 존재하지 않으며 최소한 무의미한 동어반복에 지나지 않는다는 겁니다. 노동력의 가치만이 존재하지요.

'노동력의 가치'란 노동력을 사용하기 전에, 이미 시장에 나온 상품 중 하나로서의 가치입니다. 다른 상품의 가치와 마찬가지로 그것을 생산(재생산)하는 데 필요한 사회적 노동량을 말하죠. 노동력의 가치와 노동자가 실제로 수행한 노동의 양은 같지 않습니다.

이를테면 노동력이라는 상품을 하루 쓰고 완전히 원상복구하는 데, 다시 말해 노동자가 동일한 노동력을 유지하는 데 쌀 1kg(가격으로는 3실링, 가치 즉 사회적 필요노동시간으로는 네 시간)이 필요하다고 해봅시다. 그러니까 사람을 하루(여덟 시간 노동 기준) 일 시키려면 쌀 1kg을 줘야 합니다(여기서 쌀을 기준으로 하면 스미스가 척도로 제시한 '밀'을 떠올릴 사람도 있을지 모르겠습니다. 하지만 이 쌀은 노동자의 생활에 필요한 물품 전체를 나타낸 것이지, 스미스처럼 쌀 가격을 가치의 척도로 삼아야 한다는 말이 결코 아닙니다). 노동력 하루 사용권 가격이 3실링인 것이죠. 그런데 실제로 노동자가 하루, 즉 여덟 시간 동안 일을 하면 당연히 여덟 시간의 가치가 생산됩니다(화폐로는 6실링, 쌀로는 2kg). 노동력을 하루 동안 사용하면 하루만큼의 가치가 생산되는 것이니까요.

여기서 오해하지 말아야 할 것이 있는데요. 노동력의 가치는 지금 일하고 있는 시간과 무관하다는 점입니다. 노동력의 가치는 일하기 전에 미리 정해져 있습니다. 쌀 1kg만 먹으면 노동자는 매일 여덟 시간을 일할 수 있다고요. 3실링(네 시간)의 가치를 받으면 하루 동안 일하는 데 문제가 없다는 것이지요. 그런데 그가 하루를 일하면 하루의 가치, 즉 여덟 시간(6실링)의 가치가 창출됩니다. 노동력의 하루 사용권의 가치가 노동력을 하루 사용해서 얻을 수 있는 가치보다 작은 겁니다.

마르크스는 말에 비유해 설명했는데요. "말에 필요한 사료와 말이 기수를 태울 수 있는 시간은 전혀 별개의 것인 것과 같다."[57] 노동자를 소나 말에 비유한 것이 거북하게 들릴 수 있겠습니다만 사태의 진실을 전하는 데는 도움이 됩니다. 소가 한 시간 노동에 해당하는 양의 여물을 먹고도 온종일 밭을 갈 수 있듯이, 노동자는 네 시간 정도의 생산물만 지급받아도 여덟 시간을 일할 수 있습니다. 노동력의 가치와 노동력이 생산한 가치가 다른 것이죠(노동력의 가치를 계산하는 문제는 조금 뒤에 더 자세히 설명하겠습니다).

○ 노동과 노동력의 구분—문제의 결정적 돌파

노동과 노동력을 구분함으로써 마르크스는 스미스가 혼동했고 리카도가 덮어버린 두 가지 문제에 답할 수 있었습니다. 하나는 척도 자체를 재려 할 때 생겨나는 악순환의 문제였습니다. 상품들의 가치는 노동량으로 재는데 노동의 가치는 어떻게 재는가 하는 물음이었죠. 다른 하나는 생산물의 가치와 그것을 생산한 노동의 가치 차이 문제인데요. 한편으로 생산물의 가치는 그것을 생산하는 데 필요한 노동의 양인데, 이는 생산물의 가치와 그 생산물을 생산한 노동의 가치가 같다는 뜻이죠. 하지만 다른 한편으로는 노동의 가치, 즉 임금은 생산물 가치의 일부에만 해당하죠. 마르크스는 노동력의 가치와 노동력을 사용해서 얻은 가치의 차이로 이 문제에 답변했습니다.

이렇게 마르크스는 19세기 노동가치론이 부딪힌 문제를 돌파했습니다. 그의 해법은 노동가치론에 입각해 노동가치론의 문제를 푸는 것이고, 정치경제학자들이 빠진 오류를 교정하는 것입니다. 마치 구체적 유용노동과 추상노동을 구분한 것과 같죠. 그런데 노동력과 노동의 구분이 갖는 의의는 이보다 훨씬 큽니다. 이 시리즈의 1권에서 썼던 표현을 다시 가져오자면, 이 비판은 '교정'의 필요성이 아니라 '이행'의 필요성을 제기합니다. 여기가 자본주의사회에서 '부의 과학'인 '정치경제학'의 당파성이 드러나는 곳입니다.

도대체 무슨 말이냐고요? 노동력과 노동을 구분함으로써 마르크스는 '잉여가치'를 이론적으로 해명할 수 있게 되었습니다. 잉여가치가 '노동력의 가치'와 '노동력이 창출한 가치'의 차이에서 생겨난다는 것도 밝혔고요. 잉여가치란 한마디로 잉여노동인 겁니다.

그런데 앞서 잠깐 언급했듯 잉여가치를 해명하는 것은 '자본'을 해명하는 것과 같습니다. 자본이란 '스스로 증식하는 가치'이고 잉여가치란 그 '가치증식분'이니까요. 잉여가치가 잉여노동과 같다는 것은 자본을 가능케 하는 것이 결국 잉여노동이라는 말이 됩니다. '스스로 증식하는 가치'라고 했지만 실상은 '잉여노동'을 뽑아낸 것이죠. 잉여가치의 정체를 해명하다 보니 자본의 정체가 드러난 꼴인데요. 자본을 가능케 하는 것이 잉여노동이라는 말은 잉여노동이 없다면 자본도 불가능하다는 말이 됩니다.

이는 자본이라는 개념 자체가 착취 사회에서만 가능하다는 뜻입니다. 착취가 메커니즘의 결과가 아니라 전제라는 것은 이를 두고 한 말입니다(《북클럽『자본』》 1권, 60쪽). 물론 이때의 착취는 등가교환 즉 노동력이라는 상품의 가치를 제대로 지불한다는 전제 아래서 이루어진 '합법적 착취'입니다. 자본주의에서는 완전히 적법합니다. 그러나 아이러니하게도 착취가 합법이라는 것은 법의 타락, 다시 말해 체제 자체의 범죄성을 드러내지요.

조금 전에 우리는 자본의 일반 정식의 모순을 해명해보라는 요구를 받았습니다. 등가교환으로 잉여가치를 해명하라는 것이었죠. 나는 이 문제를 밀실살인 같다고 했습니다. 범죄가 불가능한 상황에서 일어난 범죄 같다는 의미였습니다. 그런데 문제를 푸는 과정에서 '범죄'라는 말이 정말로 의미를 갖게 되었습니다. '자본'이라는 개념은 착취 위에서만 가능하니까요. 이제 『자본』도 색깔을 갖게 되었습니다. 이 문제를 회피했던 정치경제학자들의 색깔도 드러났고요. 지금까지는 『자본』이 과학자의 연구 논문 같았습니다만 이제 과학수사대의 수사보고서 같아졌달까요.

◦ 노동력을 판매하는 자유로운 노동자

이제 우리는 이렇게 말할 수 있습니다. 수백 가지 상품이 있어도 노동력이라는 상품 하나가 없다면 자본주의는 불가능하다. 노동력이 없으면 잉여노동이 없고, 잉여노동이 없으면 잉여가치가 없으며, 잉여가치가 없으면 자본이 불가능하니까요. 우리의 자본가는 이 상품이나 저 상품이나 돈 들어가는 건 마찬가지라고 생각하기에, 어떤 상품의 이름이 '노동'이든 '노동력'이든 아무런 관심도 없을 겁니다. 하지만 노동력이라는 상품이 없다면 그는 화폐소유자일 수는 있어도 자본가일 수는 없습니다.

화폐소유자는 노동력이 상품으로서 시장에 나와 있는 한에서만 자본가가 될 수 있습니다. 여기서 우리는 다시 한 번 역사유물론자로서 마르크스의 면모를 확인할 수 있는데요. 어떤 존재든 그것을 가능하게 한 조건들의 역사적 형성에 일차적 관심을 두는 것이죠. 그는 이렇게 묻습니다. 노동력이 상품으로 나오려면 어떤 조건들이 필요한가. 그가 곧잘 쓰는 표현처럼 자연은 이것을 낳지 않았으니까요. 모두가 역사적 산물들이죠. 그렇다면 노동력은 어떤 조건들이 형성되었을 때 상품으로 나타날 수 있을까요?

일단 노동력의 소유자가 다른 상품의 소유자들처럼 자신의 상품을 자유롭게 판매할 수 있어야 합니다. 여기서 '자유롭다'라는 것은 노동자가 자기 의사에 반해 노동을 강요받지 않는다는 뜻입니다. 노동자가 어떤 예속관계 때문에 노동을 해야만 한다면 노동력은 상품일 수 없습니다. 강제노동을 시킨다면 노동력이 아니라 노동자 자신이 상품인 것이죠. 한마디로 노예인 겁니다. 따라서 상품으로서 노동력이 출현하려면 신분해방이 이루어져야 합니다(이는 시리즈 2권에서 살펴본 바 있습니다). 노동력소유자가 화폐소유자와 "법률상으로 동등" 하고 자신의 인격과 능력의 온전한 소유자로 간주될 수 있어야 하는 것이지요.[김, 221; 강, 251~252]

여기에는 노동자의 노동시간이 제도적으로 제한되어야 한다는 뜻도 담겨 있습니다. 노동을 부릴 수 있는 시간을 무제한 허용한다면 노동력이 아니라 노동자를 판 것과 같을 테니까요. 설령 돈을 받고 약정을 맺어 노동하는 경우라도 노동시간에 한도를 두지 않는 계약은 모두 노예계약입니다.[김, 222, 각주 3; 강, 252, 각주 40] 마르크스는 시간만을 언급했지만 꼭 시간만은 아닐 겁니다. 노동환경이나 노동강도도 중요하죠. 한마디로 노동조건에 제한이 없는 노동은 노동자를 노예로

만듭니다.

　정부가 노동시간이나 노동조건에 법적 제한을 가한다는 것은 사용자에게 노동력을 함부로 쓰지 말라는 뜻이겠죠. 노동력의 소유권이 자본가에게 있지 않다는 의미입니다. 노동자가 넘기는 것은 노동력에 대한 소유권이 아니라 사용권이죠. 노동력은 앞서 말한 것처럼 일종의 임대 상품인 겁니다.

　이제 상품으로서 노동력이 출현하기 위한 두 번째 조건을 볼까요. 두 번째 조건도 '자유'인데요. 이 자유의 의미는 첫 번째 조건의 '자유'와 상반됩니다. 두 번째 조건은 이런 겁니다. 노동자는 노동력을 자유롭게 처분할 수 있어야 하지만 또한 노동력을 처분하지 않으면 안 되는 상황에 놓여야 합니다. 아무리 짧은 시간이라 해도 자신의 능력에 대한 사용권을 다른 사람에게 넘기고 싶은 사람은 없을 겁니다. 어떤 기이한 욕망에 휩싸이지 않는 한 타인에게 "난 당신이 시키는 대로 할게요"라고 말하는 사람은 없지요. 그런데도 자본주의에서는 많은 사람이 그렇게 하고 또 그렇게 하기 위해 줄을 서서 기다립니다. 이유는 간단합니다. 그러지 않으면 당장 죽게 생겼으니까요.

　가난한 사람들은 '몸뚱이 하나'로 살아왔다는 말을 종종 하는데요. 바로 그겁니다. 시장에 내다 팔 것이 더는 남아 있지 않을 때 사람들은 자기의 생체능력을 팝니다. 예전에는 '품팔이'라는 말도 썼는데요. 맨몸으로, 다시 말해 몸뚱이만 가져가서 일하고 품삯을 받았습니다. 이것이 두 번째 조건입니다. 노동력 말고는 팔 것이 없어야 합니다. 자본가처럼 생산수단(원료와 도구)을 가졌다면 물건을 만들어 상품으로 내놓았겠죠. 그런 게 없기 때문에 자신의 능력을 상품으로 내놓고, 자기 자신을 물건 만드는 데 써달라고 나온 겁니다. 그러므로 노동력 상품화의 두 번째 조건이 '자유'라고 했을 때의 자유란 무엇이 없는 상태입니다. 서양 언어에서 '자유롭다'(frei, free)라는 말에는 결핍의 의미가 있습니다. 노동자는 생산수단으로부터 자유롭습니다. 생산수단을 갖고 있지 않다는 뜻이죠. 자본의 탄생과 관련해 노동인구의 신분해방만큼이나 생산수단 상실은 중요한 역사적 사건입니다.

그런데 나는 이 두 번째 조건에 조금 다른 내용을 덧붙이고 싶습니다. 마르크스는 물질적 생산수단의 상실을 이야기했는데요. 사람들이 노동력을 팔지 않으면 안 되는 상황에 내몰리는 데는 물질적 생산수단의 상실만큼이나 인간적 유대의 상실도 중요한 역할을 했을 겁니다. 공동체적 돌봄이 무너져 생존을 고민하는 단위가 공동체가 아니고 개인이 된 겁니다. 물질적 차원의 가난만큼이나 인간관계의 가난이 사람들을 인력시장으로 내몰았을 겁니다. '네가 죽든 살든 나는 상관하지 않겠다'라고 생각하는 사회, 서로가 서로를 남으로 간주하는 사회에서는 살기 위해 뭐든 팔아야 합니다(공동체적 인간관계의 붕괴에 대해서는 시리즈 3권 『화폐라는 짐승』을 참고하세요).

마르크스가 노동력 상품화의 전제조건으로서 '이중적 의미에서의 자유'(frei in dem Doppelsinn)를 말한 것은 이런 맥락입니다. 이것은 "한편으로 노동자는 자유로운 인격체로서 노동력을 자신의 상품으로 마음대로 처분한다는 의미이며, 다른 한편으로 판매할 다른 상품을 가지고 있지 않을 뿐 아니라 자신의 노동력을 실현하는 데 필요한 모든 물건으로부터도 분리되고 풀려나 자유롭다는 의미다."[김, 223; 강, 253]

참 씁쓸하면서도 의미심장한 이야기입니다. 자본이란 우리 시대의 부라고 할 수 있는데요. 자본을 위해서는 노동력의 상품화가 필요하죠. 인간의 능력을 시장에서 자유롭게 매매할 수 있어야 합니다. 이것이 자본이 출현하기 위한 첫 번째 본질적 조건(wesentliche Bedingung)입니다. 신분의 해방이죠. 그런데 또 다른 본질적 조건은 빈곤입니다. 사람들이 자신의 생체능력을 내다 팔지 않고서는 살 수 없어야 합니다. 신분해방만큼이나 빈곤의 창출이 자본 등장에 필수적이라는 말입니다.

부의 창출 조건이 빈곤의 창출에 있다는 사실은 우리 시대 부의 성격에 대해 무언가 시사해줍니다. 젊은 날 엥겔스가 사람들에게 던진 물음, 왜 19세기 영국인은 가장 부자 국민이면서 가장 가난한 국민이 되었는가에 대한 답변의 실마리가 여기 있는 게 아닌가 싶습니다. 이 실을 놓치지 않고 잘 따라가야겠습니다.

∘ 노동력이 없으면 자본이 없다

『자본』의 논의는 자본주의 생산양식의 지배를 전제하고 있으므로 노동력도 상품으로 이미 주어졌다고 가정합니다. 어떻게 해서 이런 상품이 생겨났는지 상세히 논하지 않습니다. 자본가가 노동력을 주어진 상품으로서 발견하듯 우리도 당분간 그것을 주어진 사실로 받아들이고 시작할 겁니다.[김, 223; 강, 253]

그럼에도 마르크스는 역사유물론자로서 경고를 새겨둡니다. "한 가지만은 분명하다. 자연이 한편으로 화폐소유자 또는 상품소유자를 만들어내고 다른 한편으로 자신의 노동력만 소유한 자를 만들어낸 것은 아니라는 점이다. 이 관계는 결코 자연사적인 것도 아니며 역사적으로 모든 시대에 공통된 사회적 관계도 아니다. 그것은 분명히 선행한 역사적 발전의 결과이며, 수많은 경제적 변혁의 산물이자 과거의 수많은 사회적 생산구성체들의 몰락의 산물이다."[김, 223; 강, 253]

과학도 역사의 산물임을 잊으면 안 됩니다. 시리즈 1권에서 나는 마르크스의 정치경제학 비판 중 중요한 측면 중 하나가 역사성에 있다고 했는데요. 정치경제학이 사용하는 '경제적 범주들'은 결코 초역사적인 것이 아닙니다. 그런 경제적 범주가 존재한다는 사실 자체가 그 시대를 다른 시대와 구분해줍니다. 방금 본 마르크스의 표현을 쓰자면 '사회적 생산구성체'(Formation der gesellschaftlichen Produktion)가 다른 것이죠.

마르크스는 이와 관련해 "경제적 범주들 또한 자신들의 '역사적 흔적'(geschichtliche Spur)을 가지고 있다"라고 했는데요.[김, 223; 강, 253] '흔적'이란 박차처럼 뾰족한 것이 남긴 자국이고 흉터이며 무늬죠. 각각의 시대, 각각의 생산구성체들은 자기에게 속한 범주들에 자국을 남깁니다. 자본에도 노동력에도 우리 시대의 흉터, 우리 시대의 무늬가 남습니다.

우리에게는 너무 익숙해서 잘 보이지 않지만 시대가 다르고 생산구성체가 다르면 이런 게 확연히 느껴집니다. 그래서 한 시대의 이성은 다른 시대의 광기라는 말이 있겠죠. 여담이지만, 자본주의가 급속히 성장하던 17세기 영국에서는 노동력이 상품으로 거래되는 것이 꽤 자연스러웠던 것 같습니다만(홉스는 이미 "인간의 가치 또는 값어치는 다른 모든 물건과 마찬가지로 그 가격이 존재한다"[58]라고 말하고 있으니까요), 상대적으로 발전이 늦었던 프랑스에서는 그렇지 않았나 봅니다. 당시 제노바에 주재한 프랑스 영사는 본국의 상관에게 이런 편지를 보냈다고 합니다. "각하, 나는 사람을 돈으로 간주할 수 있다는 것은 처음 듣습니다."[59] 노동력이 시장의 상품으로 거래되는 것이 충격적이었던 거죠.

마르크스는 노동력이라는 상품의 존재는 일반적 상품이나 화폐의 존재와 다르다는 점을 힘주어 강조합니다. 정확히 표현하자면, "자본이 출현했다"라는 말과 "상품이나 화폐가 출현했다"라는 말은 다르다고 했죠. 『자본』 제1장에서 마르크스는 상품이 얼마나 독특한 것인지를 강조한 바 있습니다. 상품은 일반적인 노동생산물과 다르다고요. 자본주의사회(부르주아사회)에서 상품은 경제적 세포에 해당한다는 말도 했습니다.

하지만 자본주의 생산양식이 지배하지 않는 사회에서도

상품은 국소적으로 존재했습니다. 시리즈의 3권에서 나는 공동체와 공동체 사이에서 상업적 관계가 존재했다고 말했습니다. 그뿐 아니라 공동체 안에서도 매우 예외적인 상황에서 상품거래라 부를 수 있는 관행이 존재했습니다. 기본적 물자유통은 상품거래가 아니지만, 어느 정도는 "역사적으로 매우 다양한 경제적 사회구성체들" 곳곳에서 발견되는 일이었습니다.[김, 224; 강, 254]

화폐도 마찬가지입니다. 다양한 화폐형태들, 화폐의 다양한 기능들(가치척도, 유통수단, 지불수단, 축장화폐, 세계화폐 등)이 사회구성체마다 다양한 방식으로 나타날 수 있습니다. 어떤 기능은 상당히 발전하지만 어떤 기능은 전혀 발전하지 않지요. 그러나 상품유통이 활발해지고 화폐가 명실상부한 일반적 등가물로 자리하면 그 화폐는 금세 우리 시대 화폐와 마찬가지로 다양한 기능들을 동시에 수행하기 시작합니다.

그러나 자본은 그렇지 않습니다. 마르크스는 이렇게 강조합니다. "자본은 그렇지 않다. 자본의 역사적 존재 조건은 상품유통과 화폐유통을 통해 만들어진 것이 아니다." 그렇다면? 자본은 노동력이라는 상품이 시장에 나왔을 때만 존재할 수 있다는 것입니다. 생산수단과 생활수단을 움켜쥐고 있는 자가 "시장에서 자유로운 노동자를 발견하는 경우에만" 가능하죠. 마르크스는 "이 하나의 역사적 전제조건이 하나의 세계사를 에워싼다"라고 했습니다. 상품이나 화폐로 불가능한 일을 '자본'이 합니다. 즉 자본은 자신의 출현으로 "새로운 시대를 선언"할 수 있습니다.[김, 224; 강, 254] 그리고 이 당당한 세계사적 선언의 뒤편에는 노동자들의 긴 줄이 침울하게 늘어서 있습니다.

◦ 노동력의 가치 계산

상품이 되었으니 노동력은 이제 여느 상품처럼 가치를 갖습니다. 그렇다면 노동력의 가치는 어떻게 계산할까요. 노동력도 상품이니 다를 게 없습니다. 상품은 그것을 생산하는데 필요한 사회적 노동량으로 계산하죠. 그런데 노동력에는 좀 미묘한 구석이 있습니다. 노동력이라는 게 독자적 사물로 떨어져 존재하는 게 아니라서 그렇습니다. 노동력은 살아 있는 인간의 신체적·정신적 능력입니다. 그러므로 노동력을 생산한다는 것은 해당 인간의 신체와 정신이 능력을 발휘할 수 있는 상태를 생산하는 것과 다르지 않습니다. 생존은 기본일 테고요.

마르크스는 이렇게 말합니다. "노동력의 생산이란 개인 자신의 재생산, 그의 생활의 유지다."[김, 225; 강, 255] 그렇다면 노동력의 가치란 한 개인이 그 사회에서 자신을 재생산하고 생활을 유지하는 데 필요한 '사회적 노동량'입니다. 사람이 생존하고 생활을 유지하는 데 어느 정도의 노동량이 필요할까요. 마르크스는 결국 "노동력의 생산에 필요한 노동시간은 생활수단의 생산에 필요한 노동시간이 된다"라고 말합니다.[김, 225; 강, 255] 사람은 생활을 유지하기 위해 다양한 생활수단을 필요로 하므로 이 생활수단의 가치로 노동력의 가치를 잰다는 것이지요.

충분히 수긍할 수 있는 이야기입니다만, 그럼에도 노동력의 경우 다른 상품의 가치를 재는 방식과 미묘하게 다르다는 점을 놓치지 말아야겠습니다. 다른 상품들의 가치는 해당 상품을 생산하는 데 필요한 사회적 노동량이라고 했는데 노동력의 가치는 간접적 계산 방식을 택하고 있습니다. 노동력 생산에 필요한 다른 상품들의 가치 합계로서 말입니다.

여기에 어떤 차이가 있을까요. 마르크스는 노동력을 생산하고 유지하는 어떤 노동을 생략하고 있습니다. 자본가가 상품을 생산할 때는 생산수단(원료와 도구)만이 아니라 인간의 노동이 필요했잖아요. 그런데 노동력이라는 상품은 노동력 생산에 필요한 수단들은 있는데 별도의 노동력 투입이 고려되지 않습니다. 노동력의 생산에 필요한 것이 쌀만은 아니겠죠. 누군가 밥을 짓고 차려야 하죠. 마르크스는 이 노동을 노동자 자신이 한다고 가정하고 있습니다. 상품화되지 않는 노동이죠. 상품생산에 관여하지만 상품으로 인정되지 않는 노동. 일종의 그림자 노동인 셈입니다.

그런데 만약 이 노동을 수행하는 게 노동자 자신이 아니라면 어떻게 될까요. 가사노동과 돌봄노동의 영역인데요. 누군가 그 일을 하는데 그 일은 가치를 인정받지 못한다면요. 마르크스는 노동력의 가치 계산에서 이 문제를 제기하지 않았지만, 이는 중요한 문제입니다. 나는 다만 여기서 문제만 제기해두겠습니다. 그리고 나중에(시리즈 9권에서) '생산적 노동'

의 개념을 다루며 별도로 언급하겠습니다(여기에는 좀 복잡한 문제들이 끼어 있거든요).

다시 마르크스의 이야기로 돌아가겠습니다. 노동력을 생산하는 노동은 노동자 자신이 수행하는 것으로 하고, 그에 대해서는 지불을 필요로 하지 않는 것처럼 가정해두겠습니다. 그렇다면 마르크스의 말처럼, 노동력의 가치를 노동력소유자의 생활에 필요한 생활수단의 가치로 환원할 수 있겠지요. 그런데 노동자에게는 얼마나 많은 생활수단이 필요할까요. 가장 기본적으로는 이것이 일종의 임대 상품이라는 점에서 판단해야 합니다. 한마디로 원상 복구죠. 사용하기 전의 상태로 돌려놔야 하는 것입니다. "노동력의 소유자가 오늘의 노동을 마쳤다면 그는 내일도 동일한 조건의 힘과 건강을 유지한 채 똑같은 과정을 반복할 수 있어야 한다."[김, 225; 강, 255]

마르크스는 이를 더 세세하게 분석합니다. 노동력을 다시 사용할 수 있는 상태로 만들기 위해서는 일정 수준의 음식, 의복, 난방, 주택 등이 공급되어야 합니다. 이것은 그 나라의 기후를 비롯해 자연환경에 따라 달라질 겁니다. 자연환경만이 아닙니다. 의식주는 문화에 따라서도 달라집니다. 보온만이 문제라면 넝마를 걸쳐도 상관없겠지만 실상은 그렇지 않죠. 더욱이 노동력은 인간의 신체적 능력일 뿐 아니라 정신적 능력이기도 합니다. 정신적 능력 또한 재생산되어야겠죠. 책을 보고 영화를 보고 노래하고 춤을 추고 여행을 가는 등 정신적 에너지를 충전할 수 있어야 합니다. 다른 상품들과 달리 노동력에는 고려해야 할 것이 많습니다. 자연적 요소도 있고 문화적 요소도 있으며 도덕적 요소도 있습니다.[김, 226; 강, 256]

그런데 이게 끝이 아닙니다. 노동력의 수명이 노동자 개인의 수명과 같다면 자본주의의 수명도 그렇게 되고 말 겁니다. 노동력은 개인의 수명을 넘어 시장에 상품으로 나와야 합니다. "소모와 사망으로 시장에서 빠져나가는 노동력"이 계속 충원되어야 한다는 뜻이죠. 이는 다음 세대가 노동력으로 들어와야 한다는 의미입니다. 따라서 노동력의 가치를 계산할 때는 노동자 자녀의 양육비가 포함되어야 합니다.

이뿐만이 아닙니다. 생산방식이 변하고 상품들이 변하는 경우에는 거기에 부합하는 노동력이 생산되어야 합니다. 교육과 훈련의 문제인데요. 이는 한 노동자의 생애 동안에 일어나는 재교육의 문제이기도 하고 새로운 세대를 위한 교육의 문제이기도 합니다. 해당 능력이 어떤 것이냐에 따라, 그 능력이 얼마나 복잡한 교육과 훈련을 필요로 하느냐에 따라 비용은 달라질 겁니다. 이 또한 노동력의 계산에서 고려되어야 합니다.[김, 227; 강, 256]

이런 식이면 계산이 불가능할 것 같다고요? 그렇지 않습니다. 상품의 가치는 '사회적으로 필요한 노동량'이라고 했잖아요. '사회적으로 필요한'이라는 말에 평균의 의미가 들어 있죠. 노동자 개인이 자신에게 필요한 상품들을 나열한다고 노동력의 가치가 되지는 않습니다. "일정한 시대의 일정한 나

라에는 노동자들에게 필요한 생활수단의 평균적 범위가 주어져 있"으니까요.[김, 226; 강, 256]

◦ 노동력의 가치에 대한 흔한 오해

노동력의 생산비용은 사회마다 다르다고 했는데요. 예컨대 우리 사회에서는 정부가 3년에 한 번씩 최저생계비를 측정하고 계산합니다. 소득 하위 40퍼센트에 해당하는 가구 중 2만 가구를 대상으로 생활실태 조사를 벌이는데, 이때 식료품비와 주거비는 물론 교통통신비, 교양오락비 등 372개 품목을 조사합니다. 각 품목에 대해 합리적 소비를 할 경우 비용이 얼마나 드는지 산출하죠. 이 조사 결과를 바탕으로 중앙생활보장위원회에서 당해 연도 최저생계비를 결정하고요. 나머지두 해 동안은 그 값에 소비자물가상승률을 반영해 정합니다. 물론 이것은 말 그대로 최저생계비입니다. 평균 수준의 삶이 아닙니다. 하위 40퍼센트의 삶을 놓고 '합리적 소비'를 했다고 가정한 것이니까요. 한국 사회에서 기본적인 삶을 유지하는 비용이라고 할 수 있죠.

이는 마르크스가 말한 '노동력 가치의 최소한계(Minimal-grenze)'에 가깝습니다.[김, 228; 강, 257] 노동력 보유자인 인간이 신체적·정신적 생명을 유지하며 살아가기 위한 최저치입니다. 하지만 노동력의 가격, 즉 임금이 이 최소한계까지 떨어지면 실제로는 노동력의 가치 이하로 떨어진 것과 같습니다. "이때는 노동력이 위축된 형태로만 보존되고 발휘될 것이기 때문"이죠. 마치 절전모드로 컴퓨터를 운용하는 것과 같습니다. 최소 기능만을 유지할 수 있게 해놓고 최대 기능을 뽑아 쓰려 하면 안 됩니다.

이 점에서 우리 사회의 최저임금 인식에는 문제가 많습니다[참고로 최저임금은 노동자위원(9인)·사용자위원(9인)·공익위원(9인)으로 구성된 '최저임금위원회'에서 심의하고 의결하는데, 최근 이 결정구조에 대한 개편 움직임이 있습니다]. 사실 최저임금은 그 이상 낮추어서는 안 되는 임금 최저치에 대한 법적 규정입니다. 노동자가 능력을 보존할 수 있는 마지노선이죠. 그런데 우리는 사용자들이 종업원에게 최저임금을 지급한다며 자랑스럽게 말하는 것을 봅니다. 그런 걸 자랑한다는 것은 최저임금도 지키지 않는 사용자들이 많다는 뜻이겠죠. 아르바이트생을 구하는 광고 전단지에 '임금 조정 가능'이라는 말이 있으면 십중팔구는 최저임금 이하로 급여를 지급할 수 있다는 메시지라고 하더군요.

노동력의 정당한 가치와 법적 처벌 기준은 동일한 것이 아닙니다. 최저임금만 지급하는 것은 노동력에 대해 가치 이하로 지급하는 것입니다. 최저임금이란 것은 감상주의에 젖어 인간적 고려를 해달라는 부탁이 아닙니다. 자본주의 상품교환의 기본 법칙에 맞게 제값을 치르라는 거죠. "모든 상품의 가치는 해당 상품을 정상적 품질로 공급하는 데 필요한 노동시간에 따라 결정되는 것이다."[김, 228; 강, 258] 마르크스는 따져 묻습니다. 왜 노동력이라는 상품에 대해서는 이것을 지키지 않으려 하는가. 다시 말하지만 정당한 임금이란 노동자가 정상적 생활을 함으로써 정상적 품질의 노동력을 공급할 수 있는 수준입니다.

노동력의 가치에 대한 또 하나의 오해는 임금을 노동의 대가라고 생각하는 것입니다. 앞서 우리는 노동력과 노동을 구분했는데요. 임금은 노동력이라는 상품의 가격이지 노동력의 사용량에 대한 지불이 아닙니다. 앞서 여러 번 강조했듯 노동력도 여느 상품처럼 유통에 들어가기 전에 가치가 정해집니다. 그것을 생산하는 사회적 필요노동량에 따라서요. 사회에서 이 능력을 사용하려면 이 정도를 지불해야 한다는 것이 대체로 정해져 있다는 이야기죠. 노동력의 실제적 사용은 그다음에 이루어집니다.

그런데 자본가는 관행적으로 노동력을 구매할 때 바로 돈을 내지 않습니다. 일단 고용만 합니다. 실제로 돈을 지불하는 것은 노동자가 일을 하고 난 뒤입니다. 값을 치른 뒤 일을 시키는 게 아니고 일을 시킨 뒤 값을 치릅니다. 그러다 보니 오해가 생겨납니다. 임금이란 노동자가 한 일에 대한 대가라는 생각이 들게 되는 거죠. 보통의 상품들은 이렇지 않습니다. 돈을 내고 구매한 뒤 사용하는 게 일반적이죠.

사실은 노동자가 자본가에게 혜택을 준 겁니다. 자본가에게 '신용 대부'를 해준 것과 같죠.[김, 230; 강, 258] 값을 치르지 않았는데도 약속만 믿고 상품을 양도했으니까요. 우리는 물건을 납품했으나 납품받은 기업에 부도가 나서 돈을 떼인 기업가 이야기를 자주 듣습니다. 투자금을 날린 투자가 이야기도 듣죠. 그런데 이건 노동자들의 이야기이기도 합니다. 기업 파산으로 임금을 떼인 노동자들이 얼마나 많습니까. 파산하지 않은 경우에도 임금체불은 노동자들에게 항존하는 위협이죠. 고용노동부가 해마다 임금체불액 규모를 발표하는데요. 지난 7년간(2011~2017년) 해마다 30만 명 정도의 노동자가 1조 원 안팎의 임금을 떼인 상태로 있더군요.[60]

임금을 떼이지는 않았지만 늦은 지급 때문에 손실을 보는 경우도 있습니다. 이와 관련해 마르크스는 긴 주석을 달았는데요.[김, 230, 각주 14; 강, 259, 각주 51] 1862년 소위 '불량빵' 문제로 런던이 난리가 난 적이 있습니다. 빵을 만들 때 밀가루만 넣은 게 아니고 명반, 비누, 탄산칼륨, 석회, 돌가루 등등을 넣은 빵집들이 있었거든요. 당국의 조사에 따르면 이런 빵집이 전체의 ¾에 달했습니다. 모두 저렴한 빵을 파는 곳들이었습니다.

아마 빵 속에 이런 이물질이 들어 있다는 걸 노동자들도 알고 있었을 겁니다. 먹으면서 매일 확인할 테니까요. 그런데도 왜 이런 빵을 샀을까요. 부자들은 이 바보짓을 이해하지 못할 겁니다. 빵은 살기 위해 먹는 것인데 건강을 해치는 빵을 먹다니요. 그러나 가난한 사람들은 압니다. 알면서도 이런 빵을 먹을 수밖에 없다는 걸. 이런 빵을 먹으면 수명이 단축되겠지만 먹지 않으면 당장 굶어 죽을 테니까요.

그런데 당국의 조사 보고서를 보면 이런 상황은 임금 지급 관행과 관련이 있었습니다. 노동자들의 임금 지급이 항상 한 주씩 늦었거든요. 그날 벌어 그날 먹어야 하는 런던의 가난한 노동자들에게 이것은 큰 문제였습니다. 일은 했지만 돈은 받지 못했고 배는 지금 고프니까요. 그들은 문제 많은 빵을 군말 없이 받았습니다. 외상으로 주는 빵이니까요.

임금 지급 간격이 길수록 가난한 노동자들의 외상거래도 늘어났습니다. 조사 보고서에는 심지어 사장에게 가불해 사장이 운영하는 가게에서 물건을 구입한 사례도 있었습니다. 사장에게 돈을 빌려 사장에게 돌려주는 꼴이죠. 물론 특수한 사례였을 겁니다. 여기서 특수하다는 것은 사장이 동일 인물인 경우가 그렇다는 것이고요. 이 사장한테 가불해 저 사장한테 내는 것은 결코 특수한 사례가 아니었겠죠.

사용권을 넘겨주는 상품이라는 점에서 노동력 판매는 주택 임대와 비슷한 점이 있습니다.[김, 231; 강, 260] 그러나 집세는 사용 전에 정해져 있습니다. 설령 집을 사용한 뒤 집세를 낸다 하더라도 계약 단계에서 이미 확정되어 있지요. 노동력도 마찬가지로 생각해야 합니다. 비록 사용료인 임금을 나중에 준다 해도 그 가치는 고용 전에 정해진 것으로 봐야 하죠. 노동력의 가치는 그 사용과는 무관하다는 이야기입니다. 노동력의 실제적 사용, 즉 노동자의 노동에 대한 대가가 아닌 겁니다. 일한 만큼 돈을 주겠다고 말하는 것은 집에서 살아본 뒤 가치를 평가해 집세를 내겠다고 말하는 것과 같습니다.

∘ 머리는 마음이 가는 쪽으로

좀 전에 마르크스가 단 긴 주석 이야기를 했는데요. 『자본』에는 이처럼 노동자들의 구구절절한 사연을 소개하는 곳이 많습니다. 회색 이론에 빨간 피가 돈다고 할까요. 글을 읽는 걸 넘어 느낄 수 있습니다. 이런 부분을 읽다 보면 우리는 니체의 표현처럼 "생각으로 달궈져 화상을 입을" 수도 있습니다.[61] 떠오른 생각 때문에 피가 끓어 몸이 벌겋게 달아오르는 거죠. 아마 『자본』을 읽는 노동자라면 이런 곳에서 그런 체험을 할 겁니다. 칼에 베인 체험이 있는 사람은 다른 사람이 그런 일을 당할 때 통증을 느낍니다. 글도 그렇습니다. 피로 쓴 글이라는 게 있고, 읽을 때 피를 느끼게 되는 독서가 있습니다.

니체는 두뇌를 '심장의 내장'이라고 했습니다.[62] 머리는 심장이 뛰는 쪽으로 돌아가는 법입니다. 투자하는 사람이든 구애하는 사람이든 사기 치는 사람이든 혁명하는 사람이든 모두 마찬가지입니다. 이들을 구분하는 것은 머리 돌아가는 속도가 아니라 심장이 뛰는 쪽, 다시 말해 마음이 가는 곳입니다. 마음 가는 곳으로 머리가 발달하죠. 누군가는 거들떠보지도 않는 곳에 누군가는 마음이 갑니다. 더 알고 싶어하는 의지와 욕망이 작동하는 겁니다.

마르크스는 어떻게 자본의 일반 정식의 수수께끼를 풀었는가. 나는 두뇌보다 심장에 비밀이 있다고 생각합니다. 마르크스는 잉여가치가 잉여노동이라는 사실은 "사실상 스미스에 의해 이미 언급된 것이며, 리카도의 분석에 있어서 하나의 중요한 요소를 구성하고 있다"라고 했습니다.[63] 이미 스미스나 리카도 등이 손에 쥐고 있던 사실이라는 거죠.

실제로 스미스는 노동자가 원료에 추가하는 가치에서 '임금'과 '이윤'이 나온다고 말했습니다.[64] 이윤의 원천이 노동에 있다고 본 것이죠. 임금에 관한 장에서는 더 과감한 추론을 펴기도 했습니다.[65] 첫 문장에서 그는 "노동생산물은 노동의 자연적 보수 또는 자연적 임금"이라고 말합니다. 원래는 노동자가 생산한 것이 모두 노동자의 몫이었다는 거죠. 그런데 토지의 사유화와 자본의 축적이 일어나면서 상황이 달라집니다. 생산수단은 더는 노동자의 것이 아닙니다. 스미스는 토지와 자본을 제공한 지주와 자본가가 노동생산물에서 자기 몫을 '공제'했다고 했습니다. 지대와 이윤은 노동자가 생산한 가치의 일부라는 거죠. 그는 노동자가 생산한 가치와 노동자에게 지급되는 가치 사이의 차이를 감지했습니다.

하지만 마르크스에 따르면 스미스는 이런 결론에 '당황한' 듯합니다.[66] 사실 스미스는 좀 오락가락하는 면이 있습니다. 노동생산물의 가치가 그것을 생산하는 데 지출된 노동량으로만 환원될 수 없다는 식으로 주장을 펴기도 하니까요. 원료를 제공하고 임금을 지불한 자본을 위해서도 어떤 추가분이 생산물에 들어 있어야 한다고 했습니다.[67] 앞서의 논리를 따르면 임금과 이윤과 지대는 모두 노동자가 생산한 가치에서 나오는 것인데, 방금의 논리를 따르면 임금과 이윤과 지대가 상품의 가치를 구성한다는 말이 되어 뉘앙스가 달라집니다. 후자에 따르면 노동과 자본, 토지 각각이 가치증대에 참여한 것처럼 되니까요.

리카도는 스미스에 비하면 좀 더 체계적이고 일관됩니다. 앞서 살펴본 바 있지만, 리카도는 스미스가 '노동의 가치'를 곡물[밀]의 가치로 재는 것을 날카롭게 비판한 바 있습니다. 그는 상품의 가치를 그대로 드러낼 수 있는 상품을 현실에서는 찾을 수 없다고 했습니다. 이 점에서는 노동[노동력]의 가치도 마찬가지입니다. 노동자가 받는 화폐량도 노동의 진정한 가격, 즉 '자연가격'이 아닙니다(자연가격이란 상품가치의 변동을 그대로 보여주는 가격을 말하는데요. 이것이 현실적으로 불가능하다는 것, 다시 말해 가치와 가격이 괴리될 수밖에 없는 이유에 대해서는 마르크스가 이미 지적한 바 있습니다.『화폐라는 짐승』, 94~100쪽 참고). 아마도 노동의 정확한 가치는 그것을 생산하기 위해 소모한 노동량으로 측정해야겠지요. 이것을 어떻게 잴 수 있을 것인가. '노동의 가치'를 확인할 방법을 찾기가 쉽지 않았습니다.

그래서 리카도는 노동의 가치를 노동자와 그 가족을 부양하는 가치로 바꿉니다. 노동의 생산비를 노동자의 생산비로 바꾼 것이죠. 이것은 어느 정도 확인할 수 있으니까요. "노동의 자연가격은 노동자와 그의 가족의 부양에 필요한 양식, 필수품 및 편의품의 가격에 의존한다."[68]

그런데 노동과 노동력을 구분하지 않았기 때문에 리카도의 주장에는 문제가 있었습니다. 한편으로 '생산물의 가치'는 그 생산물을 생산하는 노동만큼의 가치입니다. 그렇다면 그 생산물을 생산한 노동의 가치는 얼마나 될까요. 바보 같은 질문이죠. 생산물의 가치가 그것을 생산하는 데 들어간 노동의 양이라면, 그것을 생산한 노동의 가치도 같아야 하니까요. 노동자가 일을 해서 '100'만큼 투입했으면, 노동자가 투입한 노동량의 가치도 '100'인 거죠. 그런데 다른 한편으로 노동자의 생산비로 규정된 '노동의 가치'는 항상 생산물의 가치보다 작았습니다. 다시 말해 노동자가 받는 가치는 노동자가 만들어낸 가치보다 작습니다. 리카도의 주장을 통해서는 그 이유를 알 수가 없습니다.

　　마르크스에 따르면 리카도는 사실 "여기에 문제가 있다는 것도 느끼지 못했고", "관심조차 가지지 않았"습니다.[69] 리카도는 그저 상품의 전체 가치[가치생산물]는 이윤과 임금 두 부분으로 구성된다는 주장만 했습니다.[70] 그러면서 "이윤율은 임금의 하락이 아니고서는 결코 증가할 수 없"다는 것을 입증하려 애썼다고 했지요.[71] 임금을 직접 줄이든 임금이 소요되는 필수품의 가격하락을 유도하든, 임금이 줄어야 이윤이 는다고 말이지요.

　　리카도의 후계자들은 이것이 그럴듯해 보이도록 현학적 설명을 시도했습니다.[72] 일단 모든 가치의 원천이 노동인 한에서 새로 생겨난 모든 가치의 합은 '총노동일'(총노동시간, Gesamtarbeitstag)과 똑같을 겁니다. 이들은 총노동일은 정해져 있으니 그중 임금(노동의 가치)으로 가지 않은 만큼이 이윤[잉여가치]이라고 주장했습니다. 하지만 이런 설명은 이윤이 임금에 달렸음을 주장한 것일 뿐 왜 그만큼의 이윤이 생겨나야 하는지를 말해주지는 못합니다.

　　마르크스의 답변은 앞서 말한 바와 같습니다. 그는 노동과 노동력을 나누었습니다. 스미스나 리카도가 '노동의 가치'라고 부른 것을 '노동력의 가치'라고 불렀지요. 상품은 노동이 아니라 노동력이라고요. 노동력의 가치는 노동력을 생산(재생산)하는 데 필요한 사회적 노동량으로 미리 정해져 있습니다. 노동력의 가치, 이를테면 노동력 하루 사용권의 가치는 노동력을 하루 사용해 얻을 수 있는 가치보다 작습니다. 이 차이가 바로 잉여가치 양이고 그것의 화폐적 표현이 이윤이죠.

　　잘 살펴보면 마르크스의 해법은 스미스와 리카도의 주장에서 멀리 간 게 아닙니다. 어떻게 보면 '한 글자'를 더했을 뿐입니다. '노동의 가치'라는 말을 '노동력의 가치'로 바꾸었죠. 그런데 이 작은 차이가 전체를 가릅니다. 이 작은 차이가 전체를 다시 보게 합니다. 엥겔스의 말대로 이 작은 변형이 '경제학 전체를 변혁시킬 수 있는 하나의 사실'을 드러낸 겁니다.

　　엥겔스는 마르크스가 잉여가치를 해명한 것을 라부아지에가 산소를 발견한 것에 빗댔습니다(《북클럽 『자본』》 1권, 115~117쪽 참조). 사실 처음으로 산소를 분리 추출해낸 사람은 프리스틀리였지요. 그러나 그는 자신이 손에 쥔 것이 무엇인지 알지 못했습니다. 연소에 대한 낡은 관념에 갇혀 있었기 때문입니다. 그것을 알아본 사람은 라부아지에입니다. 프리스틀리가 손에 쥐고도 보지 못한 것을 그는 알아본 것이죠. 그리고 그런 눈 덕분에 라부아지에는 연소에 대한 통념을 뒤집을 수 있었습니다.

엥겔스는 스미스와 리카도에 대해 마르크스가 맺는 관계도 이와 다르지 않다고 봤습니다. 잉여가치가 잉여노동에 다름 아니라는 건 스미스가 먼저 감지했고 리카도의 이론에서도 얼마든지 도출될 수 있는 사실입니다. 노동과 노동력을 구분하는 지적 난관이 있기는 하지만 잉여가치가 잉여노동이라는 사실을 밝히는 데 엄청난 지력이 필요했던 것은 아닙니다. 그런데도 이 대단한 학자들이 그것을 밝히지 못한 것은 프리스틀리처럼 낡은 인식틀에 갇혀 있었기 때문만은 아니라고 봅니다. 내 생각에, 문제는 더 깊은 데 있습니다. 이들은 거기에 아무런 관심도 없었습니다. 한마디로 마음이 없었던 거죠.

이와 관련해 스미스와 리카도에 대한 마르크스의 평가가 재밌습니다.[73] 마르크스에 따르면 스미스의 약점은 일관성이 부족하다는 겁니다. 모순이 쉽게 드러납니다. 이 점에서는 리카도가 뛰어납니다. 스미스보다 훨씬 체계적이고 일관되니까요. 그런데 마르크스는 이들의 강점과 약점을 뒤집습니다. 문제를 감지하고 흔들린 스미스가 문제를 알지 못해 당황하지 않은 리카도보다 낫다는 겁니다. 일관성은 떨어지지만 모순을 드러낸 스미스가 더 천재적이라고 했습니다. 스미스는 리카도처럼 "부르주아적 체계의 추상적이고 일반적인 토대에 대한 이론적인 총체적 견해"에 도달하지는 못했습니다. 그러나 최소한 흔들렸습니다. 문제 앞에서 흔들린 사람이 문제를 무시한 채 거대한 체계를 세운 사람보다 낫다는 겁니다.

하지만 문제 앞에서 뒷걸음질 친 사람과 거기에 별 관심도 없던 사람을 비교하는 게 무슨 의미가 있을지는 모르겠습니다. 나는 이들을 비교하기보다 이들과 마르크스를 비교하게 됩니다. 그리고 마르크스를 다시 느낍니다. 무엇이 그로 하여금, 스미스가 뒷걸음질 치고 리카도가 무감했던 이 문제를 물고 늘어지게 했을까요? 무엇이 그로 하여금 잉여가치의 정체를 밝히도록 몰아세웠을까요? 무엇이 그로 하여금 노동력이라는 상품을 물고 늘어지게 만들었을까요? 그의 앎을 추동한 의지의 정체가 무엇일까요? 자본의 정체 즉 잉여가치의 정체를 밝히는 일에 마음을 온통 빼앗긴 마르크스. 마침내 잉여가치의 정체가 잉여노동에 있음을 추론해낸 마르크스. 그가 느껴집니까. 여기가 그의 당파성이 드러나는 곳입니다.

5

두 사람

———

화폐소유자와 노동력소유자

『자본』의 자본가는
냉혈한일지언정 사기꾼은 아닙니다.
『자본』에서 노동자가 개인의 딱한 사정을 들어
임금을 올려달라고 하지 않듯
자본가 역시 개인적 탐욕 때문에
임금을 깎는 사람이 아닙니다.
『자본』의 자본가는 그저
'인간의 탈을 쓴 자본'입니다.
자본가의 욕망은 '가치를 증식하는 가치'라는
자본의 정의가 인격화된 것에 불과합니다.
우리가 현실에서 종종 목격하는,
원료와 부품의 단가를 '후려치고' 임금체불을 일삼는
그런 악덕 업자가 아닙니다.

THE DIFFERENCE BETWEEN LABOR AND CAPITAL.

『라이프』*Life*에 실린 카툰, 〈노동과 자본의 차이〉, 1887년경.
한 사람은 화폐소유자이고 다른 한 사람은 노동자다.
한 사람은 돈을 들고 왔고 다른 한 사람은 노동력을 들고 왔다.
물론 현실적으로는 돈도 볼 수 없고 노동력도 볼 수 없다.
둘이 몇 마디 나누는가 싶더니 이내 거래가 끝났다.

잉여가치가 노동력을 사용하는 데서 생긴다는 건 아직까지는 추론입니다. 이제 이 추론을 확인해야겠죠. 탐정이 현장으로 나가야 할 때입니다. 노동력의 사용과정을 지켜봐야 합니다.

◦ 공정한 구매자

노파심에서 하는 말인데요. 잉여노동이라는 말 때문에 자본가가 노동력에 대해 제값을 치르지 않았다고 생각하면 안 됩니다. 노동력이라는 상품의 가치와 노동력을 사용해 만들어낸 상품의 가치는 다릅니다. 노동력의 가치는 노동력이라는 상품을 (재)생산하는 데 필요한 가치로 재야지, 노동력을 사용해서 만들어낸 상품의 가치로 재면 안 됩니다. 노동력을 포함해 모든 상품들의 가치는 판매할 때 정해져 있습니다. 일단 사용해보고 정하는 게 아닙니다. 설령 자본가가 지불을 나중에 한다고 해도 달라질 건 없습니다. 집세 계약을 했든 어음을 끊었든 나중에 지불하더라도 가격은 매매 당시에 확정되어 있습니다(그래서 마르크스는 관행과 상관없이 노동력에 대해서도 판매와 동시에 값을 지불받는 것으로 전제하자고 했습니다).[김, 231; 강, 260]

　『자본』의 자본가는 냉혈한일지언정 사기꾼은 아닙니다. 『자본』의 노동자가 개인의 딱한 사정을 들어 임금을 올려달라고 하지 않듯 『자본』의 자본가 역시 개인적 탐욕 때문에 임금을 깎는 사람이 아닙니다. 거듭 말하지만 『자본』의 자본가는 인간의 탈을 쓴 자본입니다. 자본가의 욕망은 '가치를 증식하는 가치'라는 자본의 정의가 인격화된 것에 불과합니다. 우리가 현실에서 종종 목격하는 그런 자본가와는 다르죠. 그는 원료와 부품의 단가를 '후려치고' 임금체불을 일삼는 그런 악덕 업자가 아닙니다. 『자본』에서 상정한 자본가는 치러야 할 것을 치르는, 다시 말해 '등가교환'이라는 상품교환의 법칙을 어기지 않는 정의롭고 공정한 구매자입니다.

슬슬 탐정이 현장에 나갈 때라고 했는데요. 이제 우리는 어디가 현장인지 알고 있습니다. 지난번에는 일반적인 상품의 거래 현장에 갔었죠. 화폐소유자가 상품을 구매할 때 잉여가치가 생기는지 알아보려고요. 하지만 이제는 압니다. 일반적인 상품들, 이를테면 목재나 톱을 사러 갈 때는 따라갈 필요가 없습니다. 노동력이 거래되는 곳으로 가야 합니다. 마르크스의 추리를 따라 우리는 이 특별한 상품이 화폐소유자를 자본가로 만들어준다는 걸 알고 있으니까요.

저기, 두 사람이 있습니다. 한 사람은 화폐소유자이고 다른 한 사람은 노동자입니다. 한 사람은 돈을 들고 왔고 다른 한 사람은 노동력을 들고 왔습니다. 둘이 몇 마디 나누더니 거래를 끝낸 모양입니다. 현실적으로는 돈도 볼 수 없고 노동력도 볼 수 없습니다. 돈은 노동력을 사용한 뒤에 주는 관례 때문에 그렇고, 노동력은 노동자의 생체로부터 떼서 보여줄 수 있는 게 아니어서 그렇습니다. 하지만 이것도 상품거래라는 섬에서, 우리는 여느 상품거래와 마찬가지로 돈과 노동력을 바꾼 것으로 하겠습니다. 이로써 특별한 상품의 거래는 끝났습니다.

◦ 정의가 강물처럼 흐르는 세상

'특별한 상품의 거래'라고 했습니다만 상품거래 자체에는 특별한 것이 없습니다. 여기를 덮쳐서는 아무런 증거물도 찾을 수 없습니다. 여기서는 잉여가치가 생겨나지 않으니까요. 오히려 이곳은 과거에는 볼 수 없던 자유와 정의, 인권과 평등이 넘쳐나는 곳입니다. 주인도 노예도, 영주도 농노도 없습니다. 모든 사람이 자기 권리를 마음껏 주장할 수 있는 곳이죠. 이곳은 말의 영역이고 권리의 영역이고 법[법칙]의 영역이며 과학[학문]의 영역입니다. 마르크스는 이곳을 "자유, 평등, 소유, 벤담"이 지배하는 곳이라고 했습니다.[김, 232; 강, 261]

왜 자유인가. 구매자와 판매자 모두가 자유로운 인격의 소유자니까요. 이들은 "법적으로 대등한 자유로운 인격"으로서 계약을 체결한 것입니다. 누구도 거래를 강제하지 않았고 모두가 '자유의지'에 따라 행동했습니다.

왜 평등인가. 두 사람은 법적으로 동등한 사람입니다. 또한 두 사람의 교환은 "등가물을 등가물과 교환"하는 것입니다. 상품소유자의 '평등'은 상품의 '등가교환'을 인간관계로 번역한 것이라고 할 수 있겠지요.

왜 소유인가. 누구도 남의 재산을 침해할 수 없습니다. 각자 자기 것만 처분하죠. 특히 '처분한다'(verfügen)라는 말이 중요한데요. 근대 사적 소유권의 핵심은 '처분권'에 있습니다. 언뜻 생각하기에 소유란 어떤 대상과 결합해 있는 상태 같지만, 소유자가 소유물을 분리해서 처분할 수 없다면 그는 그것을 소유하고 있다고도 말할 수 없습니다. 상품소유의 경우 이 점은 특히 중요합니다. 내가 가진 곡물의 처분이 불가능하다면 그 양은 내가 먹어치울 수 있는 한계를 나타낼 뿐이죠. 상품으로 넘길 수 있는 것이 아니니 나는 상품소유자라고 할 수 없습니다.

화폐소유자에 대해서는 이런 분리와 처분을 이해하기가 어렵지 않습니다. 일반적 상품소유자에 대해서도 마찬가지고요. 그런데 노동력소유자의 경우에는 쉽지가 않습니다. 주체와 능력의 분리는 관념적인 것이니까요. 그런데 노동력이라는 상품의 유통은 이것을 전제하고 있습니다. 노동자도 어엿한 상품소유자로 간주되지요. 노동자도 소유자 사회의 구성원이 되는 겁니다. 이런 식으로 소유자 사회라는 이미지가 구축되지요. 모든 구성원들은 사유재산을 가졌고 이 재산에 대해서는 누구도, 설령 국가라 할지라도 침해할 수 없다는 거죠. 오직 소유자만이 처분권을 갖습니다. 누구든 사유재산을 침해받지 않고 행사할 수 있는 아름다운(?) 소유자 사회의 이상이 생겨나는 겁니다.

마지막으로 벤담! 벤담은 공리주의 철학자 제러미 벤담 (J. Bentham)을 가리킵니다. 왜 벤담인가. 모든 상품유통이 그렇듯 노동력의 거래도 각자가 자기 이익을 추구한 결과라는 겁니다. 화폐소유자는 물론 노동자도 자신에게 이익이 되기 때문에 노동력을 판매했겠죠. 모든 사람들은 자기 이익을 위해 최선을 다합니다. 푸줏간 주인이 마을 사람들의 영양을 생각해서 고기를 파는 건 아닙니다. 돈을 벌려고 새벽부터 부지런을 떨죠. 그런데 이런 사적 이익 추구가 전체를 이롭게 합니다. 마치 "사물의 예정조화에 따라 또는 전지전능한 신의 섭리에 따라" 전체의 조화가 이루어지는 것처럼요. 스미스의 표현을 빌리자면 '보이지 않는 손'이 작동하는 거죠.

그야말로 정의가 강물처럼 흐르는 세상이 아닐 수 없습니다. 저마다 자유롭게 행동하고 평등하게 대접받으며 자기 재산에 대한 권리를 온전히 보호받고 자기 이익만 추구하는데도 전체에게 조화로운 이익을 제공하다니요. 말 그대로 '진정한 낙원'(wahres Eden)입니다.[김, 232; 강, 261] 마르크스에 따르면 '속류 자유무역주의자들'은 바로 이 상품유통의 영역에서 사회를 바라보는 잣대를 얻습니다.[김, 233; 강, 262] 바람직한 사회란 모름지기 이래야 한다는 거죠.

◦ 이기적 속물로서 인간의 탄생

속류 자유무역주의자들이 아름다운 말로 얼마나 요란을 떨어대는지 정신을 차릴 수 없을 지경입니다. 마르크스는 이곳을 "소란스럽고 표면에 머물며 모든 눈이 닿는 영역"이라고 했습니다.[김, 232; 강, 261] 시선이 짧고 시야가 좁은 사람도 쉽게 볼 수 있는 영역, 눈에 가장 잘 띄고 소리가 가장 크게 들리는 영역이죠. 그래서 눈과 귀를 쉽게 빼앗기는 곳입니다.

마르크스는 노동력이 거래되는 유통영역을 '천부인권의 진정한 낙원'이라고 했는데요. 1789년의 '프랑스 인권 선언'을 떠올린 것 같습니다. 이 선언의 원제는 '인간의 권리와 시민의 권리에 대한 선언'(Déclaration des droits de l'Homme et du citoyen)인데요. 여기서 '선언'이라고 옮긴 프랑스어 '데클라라시옹'(déclaration)은 공식적으로 왕이 무언가를 선포할 때 쓰는 단어였습니다.[74] 이 단어를 부르주아지가 자신들의 권리를 선포하는 데 썼다는 건 의미심장하지요. 주권자가 바뀌었다는 걸 상징적으로 보여줍니다.

이 선언은 전문(前文)에서 '인간의 권리'를 "자연적이고 양도할 수 없는 신성한 권리"로 규정합니다. 제1조에서는 이것을 태어날 때부터 "자유롭고 평등하게 누리는 권리"라고 했고, 제2조에서는 "자연적이며 시효가 없는 권리"라고 했습니다. 그러면서 이 권리의 목록을 제시했는데요. 자유(liberté), 소유(propriété), 안전(sûreté), 억압에 대한 저항(résistance à l'oppression) 등이 그것입니다.

젊은 시절 마르크스는 이 선언이 실상은 새로운 인간 선언이라는 것을 잘 포착했습니다.[75] 선언의 제목에는 왜 '인간의 권리'라는 말과 '시민의 권리'라는 말이 따로 적혀 있는가. 마르크스가 보기에 그건 근대가 '국가'와 '시민사회'의 분리에 입각해 있다는 뜻이었습니다. 제목에서 '시민'은 사람을 국가의 구성원으로 본 것이고, '인간'은 시민사회의 구성원으로 본 것이죠. 시민권과 구별되는 인간의 권리, 즉 인권이란 시민

사회 구성원의 권리라는 겁니다.

그런데 왜 시민사회의 구성원을 '인간'으로 부르고 그 권리를 인권, 자연권으로 부르는 걸까요. 아마도 국가 바깥에, 심지어 국가 이전에, 인간 본연의 상태가 있다는 생각 때문일 겁니다. 이 인간 본연의 상태란 각각 따로 존재하는 인간, 즉 자유의지를 가졌으며 자기 이익만 생각하는 개인이죠. 이 인간은 "타인과의 관계를 일절 단절한 가운데 사회와도 무관하게 자신의 재산을 마음대로 향유하고 처분할 수 있는 권리"를 가졌습니다. 이것이 '자유'입니다. 그리고 이 자유를 누구나 균등하게 누를 수 있다는 게 '평등'이고요. 전체 사회는 이런 개인의 인격과 재산을 침해해서는 안 되고 오로지 이것을 지키기 위해서만 존재합니다. 이것이 '안전'이지요. 만약 국가가 이것을 침해한다면 개인들은 여기에 맞서 저항할 수 있습니다. 이것이 '저항'입니다.

이것은 인간의 본연 상태에 대한 새로운 이해방식입니다. 새로운 인간관의 탄생이죠. 인간이란 공동체를 이루기 전에 개별적으로 존재하는 이기적 존재라고 본 겁니다. 인권 선언은 이런 이기적 개인의 탄생을 보여줍니다. 이런 이기적 개인들이 '주체'로서, 각자의 사적 이익을 '목적'으로, 다른 개인들과 계약을 맺는 것[원리], 이것이 '사회'입니다.

'벤담'은 이 새로운 인간을 상징하는 이름입니다. 마르크스는 『자본』 제7편에서 벤담을 비난하는 긴 주석을 달았는데요. 벤담을 '부르주아적 어리석음에서 천재'라고 했습니다.

가장 돋보이는 바보라는 거죠. 공리주의(Utilitarianism)란 가치의 기준을 공리(utility), 즉 유익함에 두는 이념인데요. 무엇이 인간에게 유익한가를 말하려면 인간의 본성 일반을 알아야 합니다. 개에게 유익한 게 무엇인지 알려면 개의 본성을 알아야 하는 것처럼 말입니다. 게다가 인간의 본성은 역사적으로 다릅니다. 어떤 시대에 자연스러운 것이 다른 시대에는 미친 행동처럼 보일 정도죠. 그런데 벤담은 이런 문제에 대한 아무런 감각도 지식도 없습니다. "벤담은 아무런 주저함도 없다. 그는 순진하기 짝이 없는 우둔함을 가지고 근대적 속물들, 특히 영국적 속물들을 정상적 인간이라고 전제한다."[김, 833, 각주 51; 강, 834, 각주 63]

흥미로운 점은 마르크스가 벤담을 "순전히 영국적인 현상"이라고 불렀다는 사실입니다. 그러고는 "평범하기 짝이 없는 문구를 그렇게 뽐내는 건 어느 시대, 어느 나라에도 없었다"라고 했습니다.[김, 832, 각주 51; 강, 833, 각주 63] 벤담은 근대인간의 이념형인데, 평범성을 대단한 가치인 듯 뽐내는 영국적 현상이라고 한 겁니다. 말하자면 마르크스는 서구의 근대를 영국적 인간의 승리이자 '평범성'의 승리로 보는 겁니다. 고만고만한 소시민적 인간, 자기 이익에만 관심을 두는 속물적 개인의 승리라고 할 수 있죠. 이 인간형은 〈북클럽『자본』〉시리즈 1권에서 언급한 통계학적 인간, 그리고 2권에서 언급한 '추상노동의 인간'(추상적 인간)과도 통합니다. 통계학을 가능케 하고, 추상노동(상이한 노동의 동질화)을 가능케 한 것은, 인간존재의 동일성, 다시 말해 평균적 인간, 평범한 인간이죠. 근대는 개인의 이익만을 추구하는 고만고만한 속물적 인간이 대단한 현실적 의미를 획득한 시대라 하겠습니다.

○ 폭력에 대한 예감

다시 말하지만 이 요란한 인권 선언의 현장은 우리가 추적하는 사건의 장소가 아닙니다. 『자본』 제2독어판 후기(1873)에서 마르크스는 우리가 더는 1789년의 시간 위에 있지 않다는 것을 확인해주었습니다. 1789년은 1848년이 오기 전에나 가능했던 시간입니다. 1848년 혁명은 하나의 국민이 실제로는 두 개의 계급임을 드러냈습니다.

　　모든 인간의 동등성을 주장한 '천부인권'이라는 화려한 문구에 눈을 빼앗긴 사람은 상품들의 일반적 등가물인 화폐에 눈을 빼앗긴 사람과 같습니다. 나중에 우리는 노동일에 관한 장(제8장, 영어판은 제10장)에서 왜 "'양도할 수 없는 인권'이라는 화려한 표제"보다 노동시간에 대한 법적 규제—마르크스는 이를 '소박한 대헌장'이라고 부르는데요—가 노동자들에게 더 의미 있는 사건인지 볼 겁니다. 그러나 아직은 아닙니다. 괴롭더라도 일단은 표면의 수다를 참아야 합니다. 인권과 정의가 강물처럼 흐르는 상품교환의 영역에서 우리는 몸을 낮춘 채 가만히 지켜봐야 합니다.

　　등장인물들이 이제 시장을 떠나는군요. 여기서 마르크스는 무언가를 포착합니다. "벌써부터 우리 등장인물들(dramatis personae)의 안색이 약간 변한 것처럼 보인다."[김, 233; 강, 262] 내가 『자본』의 가장 중요한 페이지라고 부르는 곳입니다. 아직 우리는 표면에 있습니다. 아직 우리는 자유, 평등, 소유, 벤담의 영역에 있습니다. 아직 우리는 말의 영역, 권리의 영역, 법의 영역, 과학의 영역에 있습니다. 그런데 마르크스는 앞으로 우리가 들어갈 곳, 우리에게 도래할 장면의 전조를 등장인물들의 안색에서 보았습니다. "이전의 화폐소유자는 자본가로서 앞장을 서고, 노동력의 소유자는 자본가의 노동자로서 그의 뒤를 따라간다. 전자는 의미심장한 웃음을 지으며 바쁘게 가고 후자는 가죽을 팔고서는 무두질만을 기다리는 사람처럼 마지못해 주춤주춤 따라간다."[김, 233; 강, 262][76]

어디로 가는 걸까요. 노동자는 그곳이 어떤 곳인지를 예감하고 있음에 틀림없습니다. 도살장에 끌려가는 소가 그렇듯 아직 거기에 가지 않았지만 벌써부터 겁을 먹고 있습니다. 폭력을 예감하는 것이죠.[77] 그곳에서는 '천부인권'이라는 말이 어떤 의미를 가질지 모르겠습니다.

우리는 이들을 따라가야 합니다. 이제 현장에 가까워졌습니다. 마르크스에 따르면 이곳은 '소란스러운 유통영역'이 아니라 '은밀한 생산의 장소'입니다. 그는 단언합니다. "자본이 어떻게 생산하는지뿐 아니라 인간이 그것 즉 자본을 어떻게 생산하는지가 여기서 드러날 것이다. 증식(Plusmacherei)의 비밀이 마침내 폭로될 것이다."

그런데 그 입구에 이런 문구가 적혀 있네요. 관계자 외

출입금지(Eintritt nur in Geschäftsangelegenheiten). 도대체 여기서는 무슨 일이 일어나고 있는 걸까요. 우리는 과연 무엇을 보게 될까요. 다음 책을 기대하세요!

I──자본가, 수전노, 낭비가

마르크스는 '자본가'를 '경제적 범주의 인격화'로서만 다루겠다고 했습니다. 다시 말해 '자본가'란 '자본'의 인격적 구현이라고 할 수 있습니다. 이 점에서 자본의 탄생이란 자본가의 탄생이라고 해도 좋을 겁니다. 자본가라는 독특한 인간형이 역사적으로 출현했다고 말이지요.

본문에서 본 것처럼 마르크스는 새로운 인간형으로서 자본가를 수전노와 대비했습니다. 끊임없이 부를 늘리려 한다는 점에서는 둘이 다르지 않지만 그 방법은 완전히 반대라고요. 부를 축적하기 위해 수전노는 화폐를 유통에서 끌어내지만 자본가는 유통에 투입하지요. 종교적 구원관에 비춰보면 전자는 세계에서 빠져나오는 것을, 후자는 세계에 뛰어드는 것을 구원이라고 본 것이죠.

자본가는 돈을 쓰는 것이 돈을 버는 것이라는 역설을 이해합니다. 그런데 '돈을 쓴다'는 점에서 우리는 또 다른 인물형과 자본가를 대비해볼 수 있습니다. 바로 낭비가입니다. '돈을 모으는 것'과 '돈을 쓰는 것'에서 자본가는 수전노만큼이나 낭비가와도 다릅니다. 자본가의 축적이 수전노의 축장이 아니듯 자본가의 투자는 낭비가의 낭비 아닙니다. 자본가가 쓴 돈은 돌아오지만 낭비가의 돈은 돌아오지 않습니다. 낭비가는 마치 돈에 무심한 사람인 듯 돈을 내버리는 식으로 돈을 씁니다.

마르크스는 수전노에 대해 '정신 나간' 자본가라고 했는데요. 낭비가에 대해서도 마찬가지 말을 할 수 있을 것 같습니다. 그런데 왜 이들은 이런 행동을 할까요. 돈을 쓰지 않고 모으는 것(수전노)이나 돈을 모으지 않고 써버리는 것(낭비가)에 어떤 매력이 있는 걸까요.

게오르크 지멜(G. Simmel)은 수전노와 낭비가에 대해 흥미로운 분석을 내놓았습니다.[78] 그에 따르면 수전노의 심리는 대단한 인물을 멀리서 사랑하는 것과 같습니다. 그 사람을 보는 것만으로 행복감을 느끼는 거죠. 실제로 사귀지 않았는데도 행복합니다. 화폐에 대한 수전노의 태도가 그렇습니다. 그는 화폐를 사랑하지만 실제로 사용하지는 않습니다. 그런데 화폐를 사용하지 않는데도 행복감을 느낍니다. 화폐를 소유하고 있다는 사실 자체를 즐기죠. 향유할 수 없고 오직 바라볼 수만 있는 대상에 대한 광적인 사랑. 수전노의 사랑이 그렇습니다. 슬라보이 지제크(S. Žižek)는 인간욕망의 미스터리를 생각해보고자 한다면 수전노의 태도에 초점을 맞추라고 했지요. "그 미스터리란 과잉이 결여와 일치하고, 힘이 무기력과 일치하며, 대상을 탐욕스레 축적하는 일이 그것을 금지된/만질 수 없는 사물로 격상시켜 향유할 수는 없고 오직 바라볼 수만 있도록 만드는 일과 일치한다는 사실이다."[79]

반면 낭비가는 '화폐의 사용'에서 쾌감을 느낍니다. 그는 화폐를 마구 사용합니다. 중요한 점은 그 사용이 무의미해야 한다는 겁니다. 무의미한 것에 돈을 쓸수록 쾌감이 커집니다. 낭비가가 물건을 사는 즉시 그 물건에 무관심해지는 이유가 여기에 있습니다. 화폐를 무의미하게 쓴다는 것은 자신에게 아무런 사용가치도 없는 물건을 샀다는 뜻이니까요.

그런데 지멜은 수전노와 낭비가가 매우 상반된 유형이면서도 닮았다고 했습니다. 둘 모두 상품을 소비하는 것, 즉 상품의 사용가치에는 관심이 없다는 거죠. 둘은 모두 화폐에만 관심을 갖습니다. 한쪽은 화폐를 사용하지 않은 채 보관하는 것에서 쾌감을 느끼고, 다른 한쪽은 화폐를 무의미하게 쓰는 것에서 쾌감을 느낍니다.

자본가는 이들만큼이나 화폐[가치]를 사랑하지만 바로 그렇기 때문에 상품에 관심이 많습니다. 특히 노동력이라는 상품의 사용가치에 관심이 많지요. 노동력을 어떻게 사용하느냐에 따라 벌어들일 수 있는 화폐가 달라지니까요. 노동력과 관련해서 보자면 자본가는 수전노와 낭비가를 합쳐놓은 것 같기도 합니다. 노동력의 가치를 지불할 때는 수전노처럼 굴면서 노동력을 사용할 때는 낭비가처럼 써대니까요.

애초 자본가란 수전노와 낭비가의 기묘한 결합인지도 모르겠습니다. 더 많이 갖고 싶다면 아낌없이 써야 한다. 심지어 돈을 빌려서라도. 지제크의 말처럼 자본가의 태도에서는 『로미오와 줄리엣』의 발코니 장면에 나오는 사랑의 공식('더 많이 줄수록 더 많이 갖게 된다')을 발견할 수 있습니다. 매우 도착적인 방식이기는 하지만요.[80]

이것은 자본주의의 마케팅 전략과도 통합니다. 절약에 호소하면서 소비를 조장하는 거죠. 그래서 자본주의에서는 이런 이상한 얘기가 가능합니다. "여보, 나 오늘 200달러나 벌고 들어왔다! 재킷을 하나 사려고 나갔는데, 글쎄 세 벌을 사면 200달러를 할인해주지 뭐야. 그래서 세 벌을 사버렸어."[81]

시가를 무척이나 사랑했던 마르크스도 비슷한 농담을 한 적이 있습니다. "담배를 많이 피울수록 더 많이 절약할 수 있다"라는 담배 상점의 문구를 보고 친구들에게 말했죠. 시가 한 상자당 1실링 6펜스를 벌었으니 나중에는 이렇게 번 돈으로 살아갈 수도 있을 거라고요(《북클럽『자본』》 2권, 『마르크스의 특별한 눈』, 34쪽).

II──노동, 노동력, 노동능력

마르크스가 잉여가치를 해명할 때 결정적 역할을 한 것은 노동과 노동력의 구분입니다. '자본' 개념으로 나아가는 관문이 이것으로 열렸습니다. 노동과 노동력을 구분함으로써 그는 잉여가치 문제를 해결할 단서를 얻었고, 잉여가치가 잉여노동에 있음을 드러내면서 잉여가치와 착취를 연결할 수 있었습니다. 더 나아가 '자본' 개념이 착취 사회에서만 가능한 범주라는 것도 알게 되었고요. 노동과 노동력의 구분은 또한 자본의 착취의 비밀을 밝히려면 어디를 분석해야 하는지 알게 해주었습니다. 바로 생산 현장이죠. 노동력을 사용하는 과정에서 가치의 보존과 증식이 이루어진다는 것이 드러났으니까요.[82]

그런데 마르크스가 노동과 노동력을 구분한 것은 시기적으로 상당히 늦게 일어난 일입니다. 1844년부터 정치경제학을 공부했고 그때부터 '정치경제학 비판'이라는 말을 입에 달고 살았지만 그가 '자본' 개념을 명확히 이해한 것은 1860년대 들어서였던 것 같습니다. 본문에서 말했듯 '자본' 개념을 해명하려면 '잉여가치'를 해명해야 하는데 그 관건인 '노동'과 '노동력'의 구분이 1850년대까지는 확실치 않았거든요.

1849년 『신라인신문』에 게재한 논설들을 보면 이때 마르크스는 노동자가 제공하는 상품의 이름을 '노동력'이 아니라 '노동'이라 부르고 있습니다. 1891년 엥겔스가 이 논설들을 모아 『임금노동과 자본』으로 출간했는데요. 이 책 서문에서 이런 이야기를 했습니다. 마르크스의 정치경제학 비판은 1850년대 말, 특정한 때를 말하자면 『정치경제학 비판을 위하여』(1859) 출간 즈음에야 완결되었다고요. 그래서 그 이전에 나온 글들에는 몇 가지 점에서 "빛나가 보이고", 심지어 "부당한 것으로 보이는" 표현과 문장도 있다고요.[83]

그렇다고 함부로 고칠 수는 없었습니다. 저자의 '정신적 발전'을 보려는 사람이 있다면, 초기 입장도 나름의 의미를 가질 테니까요. 그런데 엥겔스는 이것이 일반 독자를 겨냥하는 보통의 책을 낼 때나 해당하는 이야기라고 말합니다. 이런 경우라면 그 역시 "단 한 단어도 고칠 생각을 꿈에도 하지 않았을 것"이라고 했지요. 하지만 이 책은 노동자들에게 읽히기 위해 선전용으로 묶어낸 것입니다. 다시 말합니다. 노동자들에게 읽히기 위해서! 그렇다면 1849년의 부적절한 표현을 그대로 둘 수 없었습니다. 엥겔스는 마르크스도 그랬으리라 확신합니다. 마르크스는 "노동자들에게 최선의 것을 내놓지 않는 것은 범죄"라고 생각했던 사람이니까요(《북클럽『자본』》1권, 103쪽). 엥겔스는 자신이 고친 것은 "딱 한 가지 점과만 관련"된다고 했습니다. 바로 '노동'과 '노동력'의 구분이죠. 그러면서 "정치경제학 전체의 가장 중요한 점 중 하나가 여기서 문제 되고 있음을 노동자들이 알도록" 해야 한다고 썼습니다.

마르크스가 노동과 노동력을 구분한 것은 1850년대 말부터입니다. 사실 이때도 구분이 조금 불안정합니다. 1857~1858년에 쓴 『정치경제학 비판 요강』을 보면, 자본가가 지불해서 얻는 상품은 노동자의 능력(Vermögen)이며, 일종의 잠재성(Moglichkeit) 내지 재능(Fahigkeit)이라고 했습니다.[84] 하지만 다른 어떤 곳에서는 상품의 이름을 '노동'이라 부르기도 합니다.[85] '노동력의 교환가치'라고 불러야 할 곳에서 '노동의 교환가치'라는 표현도 쓰고요.[86] "노동자가 자본과 교환하는 것은 그의 노동 자체(교환에서는 노동에 대한 처분능력)이다. 그는 노동을 양도한다"라는 문장도 있습니다.[87] 노동능력, 노동에 대한 처분능력을 넘긴다는 점을 인식하면서도 관행대로 노동을 양도한다는 식으로 말하기도 한 겁니다.

이에 비해 '1861~1863년의 초고들'에서는 구분이 안정적입니다(『잉여가치학설사』도 이 시기의 원고죠). 그런데 이 초고들과 『자본』(1867)을 비교해보면 용어상의 차이가 있습니다. 이 초고들에서는 대부분 '노동능력'(Arbeitsvermögen)이라는 용어를 쓰는데요. 『자본』 I권에서는 '노동능력'이라는 말이 우리가 이번에 읽은 제4장(영어판은 제6장)을 제외하고는 분업과 매뉴팩처에 관한 장(제12장, 영어판은 제14장)에 딱 한 번 나올 뿐입니다. 그 외에는 모두 '노동력'(Arbeitskraft)이라는 말을 쓰고 있습니다.

왜 마르크스는 '노동능력'이라는 용어를 '노동력'으로 바꾸었을까요. '능력'(Vermögen)과 '힘'(Kraft)은 어떤 차이가 있을까요. '능력'이라는 말은 잠재성을 가진 힘을 의미합니다. 독일어 'mögen'에 잠재성이라는 뜻이 담겨 있습니다[참고로 니체가 물리학자들이 쓰는 단어 'Kraft'(force)와 구분해 애용했던 'Macht'도 'mögen'에서 유래한 말입니다]. 그리스어 '뒤나미스'(dynamis)나 라틴어 '포텐차'(potentia)와 통하지요. '힘'(Kraft)에는 이런 잠재성이 없습니다. 특정한 방향으로 행사되는 일정한 양의 힘이지요.

그렇다면 마르크스는 왜 용어를 바꾸었을까요. 내 생각은 이렇습니다. 『자본』은 기본적으로 자본주의 생산양식을 전제하면서 '자본'의 운동을 기술하는 책입니다. 자본의 시각에서 문제를 바라보지요. 우리는 〈북클럽『자본』〉시리즈의 다음 책에서 '가변자본'(variables Kapital)이라는 말을 접할 텐데, 노동력의 가치를 가리키는 말입니다. 노동력을 자본의 한 형태로 보는 겁니다. 우리는 앞서 본문에서, 상품유통을 '자본의 유통'이라는 시각에서 보면 화폐도 상품도 자본의 한 형태일 뿐임을 확인한 바 있습니다. 가치증식과정에서 자본이 취하는 이런저런 형태에 불과하다는 거죠. 상품생산을 '자본의 생산과정'이라는 시각에서 볼 때도 비슷한 이야기를 할 수 있습니다. 원료와 기계, 노동력은 모두 가치증식과정에서 자본이 취하는 이런저런 형태에 불과하죠. 노동력을 가변자본이라고 부르는 것은 노동력을 자본의 증식 운동에서 기능적 역할을 수행하는, 자본의 한 형태로 본다는 방증입니다.

나는 이런 서술방식이 '노동능력'을 '노동력'으로 바꾼 이유이기도 하다고 봅니다. 넓은 의미에서 노동은 인간의 생산활동 일반입니다. 자본주의 생산양식을 전제하지 않을 때도 인간은 노동을 통해 무언가를 만들어냅니다. 이런 생산능력은 인간능력의 일종으로서 큰 잠재성을 갖지요. 인간은 지금까지 온갖 물건들을 만들어왔고 앞으로도 그럴 겁니다. 자본주의와 상관없이 말이지요. 이 점에서 노동능력이란 온갖 사물—정신적인 것을 포함해—을 생산하는 인간의 신체적·정신적 능력입니다.

그런데 자본주의 생산양식을 전제하면 노동능력의 사용가치는 '가치증식'으로 인해 생산성이 제한됩니다. 인간활동의 생산성은 가치증식에 얼마나 기여했는가에 달려 있게 되는 것이지요. 물론 자본주의 생산양식에서도 온갖 상품들이 생산됩니다. 그에 따라 인간이 발휘해야 하는 능력도 다양하고요. 하지만 여기에는 근본적 제약이 있습니다. 어떤 능력이든 돈이 되는 쪽으로 발휘되어야 합니다.

노동력을 생산활동에 투입하기 이전, 그러니까 상품으로서 시장에 판매될 때부터 이런 제약이 가해집니다. 시리즈 2권(119~123쪽)에서 내가 '상품 됨의 폭력'이라 부른 것이 이것입니다. 상품이란 '가치를 가진 사물'이기 이전에 '가치를 인정받은 사물'이라고요. 상품이 된다는 것은 주어진 가치체계에 순응할 것을 전제합니다. 노동력도 예외가 아닙니다. 노동력이 상품으로 판매되려면 자본주의 생산양식에서 그 유용성을 인정받아야 합니다. 주권자인 자본의 승인을 받아야 하는 거죠. '노동력'이란 자본주의 생산양식에서 유용성을 인정받은 인간의 행위능력, 다시 말해 가치증식에 기여하는 인간의 생산능력이라고 할 수 있습니다.

『자본』에서 '노동능력'이라는 말이 사용된 곳들도 이런 점에서 의미가 있습니다. 앞서 말한 것처럼 '노동능력'은 제4장 제3절(영어판은 제6장)에서 몇 차례 사용되었고, 제12장(영어판은 제14장)에서 한 차례 사용되었는데요. 제4장 제3절은 '화폐소유자'가 '자본가'로 변신하는 장면입니다. 화폐소유자가 자본가가 되기 위해 꼭 발견해야만 하는 '특별한 상품'이 노동능력이었습니다. 이 장면은 논리 전개상 아직 자본가가 아닌 화폐소유자로서 노동력이라는 상품을 발견하는 곳입니다. 이때 화폐소유자가 발견하는 상품을 "노동능력 또는 노동력"이라 부른 겁니다. 두 단어가 생산양식의 논리적 이행 과정에서 잠시 함께 머문 것처럼 보입니다{제4장 제3절의 다른 곳은 로시(Rossi)의 '싸구려 감상주의'를 비판하는 대목인데요.[김, 228~229; 강, 258] 여기서는 로시가 '노동능력'이라는 용어를 썼기에 비판에서도 그 용어를 그대로 인용한 것뿐입니다}.

제12장에서는 '노동능력'이 한 차례 사용되었는데, 매뉴팩처에서의 분업을 다루는 곳입니다. 매뉴팩처에서 노동자들은 각자의 재능에 맞게 매우 특화된 기능을 한 가지씩 수행합니다. 한 가지 기능에 평생 매달리는 거죠. 이렇게 해서 전문노동자, 숙련 노동자가 나타납니다.

마르크스는 매뉴팩처에서 숙련공과 미숙련공의 업무상 차별(그리고 임금 차별)이 생기는 맥락을 설명하면서 '노동능력'이라는 말을 썼습니다. "인간의 전반적 노동능력의 희생을 대가로 일면화된 전문성을 달인의 경지(Virtuosität)로까지 발전시키는 때, 모든 발전의 결핍 또한 하나의 전문성으로 간주된다."[김, 477; 강, 482~483] 특정 기능에 대한 전문성과 숙련이 중요해지는 만큼 전문성이 없고 숙련되지 않은 사람에게도 특화된 영역—마르크스는 조롱하듯 '하나의 전문성'이라고 말했지요—이 생긴다는 것인데, 주요한 일은 전문가 내지 숙련공이 맡고 나머지 보조적인 일은 그것만 전담하는 사람들이 수행하는 식입니다. 예전 봉제공장들은 '시다 모집' 같은 말을 상시적으로 바깥벽에 붙였는데요. 보조적인 일만 하는 사람을 따로 모집했던 거죠.

여기서 마르크스는 숙련공이 도달한 '달인의 경지'가 '인간의 전반적 노등능력의 희생'을 대가로 한 것이라고 했습니다. 즉 다면적인 잠재능력 중 특정 재능 한 가지가 과도하게 발전한 것이죠. 이 역시 앞서 내가 말한 '노동능력'의 용법에 잘 부합합니다. 자본주의에서 숙련 내지 전문성이라는 이름으로 발전하는 것은 노동자의 잠재능력이 아니라 자본의 가치증식에 기여하는 정도, 즉 생산성인 것이죠. 나는 이것이 마르크스가 『자본』에서 '노동능력'을 '노동력'으로 바꾼 이유라고 생각합니다.

III──헤겔과 마르크스의 로도스 섬

마르크스의 글을 읽다 보면 종종 헤겔의 표현을 만납니다. 『자본』에서도 그렇습니다. 뭐 이상할 것도 없지요. 마르크스 스스로 "헤겔의 특유한 표현방식을 흉내 냈다"라고 했으니까요.[김, 19; 강, 61] 하지만 나는 마르크스가 헤겔을 흉내낸 곳에서 둘의 차이를 더 선명하게 느낍니다. 마르크스가 헤겔의 표현을 가져다 쓴 곳, 그래서 둘이 무척 가까워 보이는 곳에서 오히려 둘이 얼마나 멀리 떨어져 있는지를 실감한다고 할까요.

　이번 책에서 우리가 만난 "여기가 로도스 섬이다. 여기서 한번 뛰어보라"라는 문장도 그렇습니다. 본래 이 문장은 『이솝우화』에서 따온 건데요. 어떤 '허풍쟁이'가 예전에 로도스 섬에 있을 때 자신이 매우 높이 뛸 수 있었다고 말했습니다. 그러자 상대방이 지금 이 자리에서 그걸 입증해보라고 합니다. 한마디로 '뻥'치지 말라는 거죠.

　헤겔은 『법철학』 서문에서 이 문구를 인용했습니다.[88] 이 책은 헤겔의 국가론이라 할 수 있는데요. 그는 이 책의 목적이 "국가를 그 자체로 이성적인 것으로 파악하려고 서술"하는 데 있다고 했습니다. '국가는 어떠해야 한다'라고 말하려는 게 아니라 현존하는 '국가를 어떻게 인식할 것인가'에 방점을 두었다는 겁니다. 그에 따르면 "현실적인 것이 곧 이성적인 것"입니다. 중요한 것은 현실 속에서 이성적인 것을 이해하는 것이죠. 이 점에서 그는 현실을 비판하고 당대를 넘어설 수 있다고 생각하는 사람들을 강하게 비판했습니다.

　『이솝우화』의 문구는 이런 맥락에서 인용된 것입니다. 헤겔에 따르면 "모든 개인은 자기 시대의 아들"입니다. 어떤 철학도 이 점에서 예외일 수 없습니다. "철학도 사상으로 파악된 그의 시대일 수밖에 없다. 이 점에서 그 어떤 철학이든 그것이 현존하는 세계를 뛰어넘어 존재할 수 있다는 듯 생각한다면 이는 곧 개인이 자기의 시대를 뛰어넘은 채 바로 그 로도스 섬을 뛰어넘겠다는 것이나 다름없는 아둔한 생각이다."

그러므로 "여기가 로도스 섬이다. 여기서 한번 뛰어보라"라는 말은 시대를 뛰어넘으려는 자들의 허풍과 어리석음, 망상에 대한 비판입니다. 그들은 모두 로도스 섬의 허풍쟁이와 다를 바 없습니다. "제멋대로 상상해낸 취약한 기반" 위에 공상의 세계를 쌓은 사람들이죠.

진정한 기쁨은 시대를 넘어서려는 열망이 아니라 시대에 대한 참된 인식에서 온다. 이것이 헤겔의 생각입니다. 그래서 그는 앞서의 문구를 살짝 바꾸어 새로운 문장을 썼습니다. "여기 장미가 있다. 여기서 춤춰라." 이 장미는 기쁨의 상징입니다. 철학자가 자기 시대에서 이념을 인식했을 때 느끼는 기쁨이죠. 현상태가 필연적인 것임을 이해했을 때, 달리 말하면 현실적인 것 속에서 이성적인 것을 읽어냈을 때 얻을 수 있는 기쁨입니다. 철학자는 이때 시대를 통해 드러난 '이성의 간지'(List der Vernunft)를 깨닫습니다. "이성적 통찰과 현실이 화해"하는 순간이라고 할 수 있죠. 철학자의 내적 자유와 시대의 필연이 진실로 화해하는 기쁨의 순간입니다.

그렇다면 마르크스는 어떨까요. 그는 시대와 철학자의 화해를 기뻐했을까요. 이 불화의 사상가로서는 도저히 그럴 수 없었을 겁니다. 그런데도 저 문구를 인용했습니다. "여기가 로도스 섬이다. 여기서 한번 뛰어보라." 시대를 넘어서려는 자들의 허풍과 망상, 어리석음을 지적하기 위해서요? 그렇지 않습니다. 그에게 로도스 섬은 우리의 인식과 실천이 진정으로 돌파하고 도약해야 할 지점입니다.

『자본』에서도 그렇습니다. 마르크스는 인식이 전진하기 위해 풀어야만 하는 난제를 로도스라는 이름으로 제시했습니다. 자본은 유통에서 생겨나야 하는 동시에 유통에서 생겨나면 안 된다. 등가교환이라는 상품유통의 기본 법칙을 지키되 유통이 끝나면 잉여가치가 생겨야 한다. 로도스는 우리 인식이 엄격한 추론을 통해 도달한 난제이지 결코 허풍이나 거짓, 망상, 어리석음이 아닙니다. 로도스 앞에 선 것은 마르크스이고 우리 자신입니다. 우리는 여기를 돌파해야 합니다. 우리는 여기서 뛰어야 합니다. 우리는 우리 자신의 능력을 입증해야 합니다.

『루이 보나파르트의 브뤼메르 18일』에서는 마르크스와 헤겔의 차이가 더 선명합니다.[89] 마르크스는 여기서도 로도스 섬의 문구를 인용합니다. 아니, 헤겔을 인용했다고 해야겠네요. 헤겔이 만든 문장까지 함께 인용했으니까요. "여기가 로도스 섬이다. 여기서 뛰어라. / 여기 장미가 있다. 여기서 춤춰라." 똑같은 문장입니다. 그런데 여기서 마르크스는 시대와 사상에 대해 헤겔과는 완전히 다른 인식을 보여줍니다.

이 글은 1848년 2월혁명 이후의 프랑스 정세에 대한 분석입니다. 1848년에서 1852년까지 혁명 세력들은 계속해서 뒷걸음쳤습니다. 사회 자체가 뒷걸음쳤다고 해야 할지도 모르겠습니다. 1848년 2월혁명으로 입헌군주제가 타도되고 부르주아 공화정이 세워졌습니다. 부르주아지는 프롤레타리아트의 6월 봉기를 진압하고 12월에 대통령을 뽑아 공화정을 완성하려 했습니다. 그런데 12월 대통령 선거에서 금융귀족과 농민의 지원을 받은 보나파르트가 당선되면서 순수 공화파가 몰락합니다. 그다음에는 대권을 차지한 보나파르트파와 의회를 장악한 질서파(정통왕조파와 금융귀족파)의 대립이 시작되었고, 결국 1851년 12월에 보나파르트가 군대를 보내 의사당을 점령하는 것으로 권력다툼이 끝납니다. 그리고 다시 1년 뒤 보나파르트는 국민투표를 실시해 공화정을 끝내고 황제로 등극하지요. 정세가 마치 역사의 시간을 거꾸로 돌리는 것처럼 전개되었습니다.

마르크스는 이 퇴보의 시간을 혁명이 스스로를 단련하기 위해 필요로 했던 시간이라고 생각합니다. 마르크스가 쓴 표현은 아니지만 '혁명의 간지'라는 말을 쓸 수 있을지도 모르겠습니다. 헤겔의 '이성의 간지'라는 말과 대비해서요. 실제로 마르크스는 이 글에서 혁명을 인격화하며 그것이 어떤 지혜를 발휘하는 것처럼 쓰고 있습니다. 그는 역사[정세]의 퇴보 속에서도 이루어지는 혁명의 전진[단련]을 말하고 싶어합니다(『프랑스에서의 계급투쟁』에서도 비슷한 말을 했습니다. 혁명은 "강력한 반혁명을 산출함으로써, 적을 산출함으로써 전진의 길을 개척해나갔다"라고요).[90]

부르주아혁명에서는 이 점을 생각할 수 없습니다. 혁명의 성공과 역사의 발전이 나란히 갔으니까요. "부르주아혁명들, 18세기의 혁명들은 승리에 승리를 거듭하며 맹렬히 돌진"합니다. 그 성공이 얼마나 찬란한 빛을 내는지, "황홀경이 그날그날의 정신"이죠. 빛나는 현재는 사람의 눈을 홀립니다. 그러나 그 수명은 길지 않습니다. 마르크스는 숙취만 길다고 했지요. 사회를 갱신할 힘은 없고 술기운만 남았다는 겁니다. 헤겔의 철학자는 뒤늦게 현실에서 '이성의 간지'를 깨닫고 기뻐할지 모르지만, 어쩌면 그것은 남아 있는 술기운에 취한 것, 일종의 숙취인지도 모르겠습니다.

프롤레타리아혁명은 이와 반대입니다. 프롤레타리아혁명은 현실에서 패배했으니까요. 헤겔이라면 그거 보라며 혁명 세력의 허풍과 망상, 어리석음을 질타했겠지만 마르크스는 달랐습니다. 마르크스가 볼 때 혁명의 패배는 혁명의 전진입니다. "프롤레타리아혁명들, 즉 19세기 혁명들은 항상 자기 자신을 비판하고, 진행 도중에 끊임없이 걸음을 멈추며, 완수된 것처럼 보이는 것으로 되돌아와서 다시 새로이 시작"합니다. 가다 멈추고 돌아오기를 반복합니다. 그러고는 이전에 자신이 시도한 것이 얼마나 불완전하고 허약한 것이었는지를 깨닫습니다. 혁명의 불완전함과 허약함, 빈약함을 드러내는 것이 혁명이 전진하는 길이죠.

마르크스는 "혁명들은 언제나, 자신들의 목적이 너무 거대하다는 것에 놀라 거듭 뒤로 물러난다"라고 말합니다. 자신이 넘어야 할 시대의 장벽이 너무 높은 겁니다. 하지만 이 뒷걸음질은 도망이 아닙니다. 우리는 그것이 멀리 뛰고 높이 뛰기 위한 '도움닫기'라는 것을 깨닫습니다. 마침내 충분한 거리가 확보되었다고 생각할 때, 다시 말해 더는 혁명이 퇴보하지 않을 상황이 창출되었을 때, 우리의 물러섬은 끝나고 이런 외침이 들려옵니다. "여기가 로도스 섬이다. 여기서 뛰어라. / 여기 장미가 있다. 여기서 춤춰라!"

헤겔이 조롱했던 지점이 마르크스가 도약하는 지점입니다. 헤겔이 자기 시대의 높은 담을 가리키며 순응을 가르칠 때, 마르크스는 자기 시대의 높은 담을 바라보며 도움닫기의 거리를 쟀습니다. 헤겔이 시대와 화해하는 기쁨에 장미를 물고 춤을 췄다면, 마르크스는 시대를 극복하는 날 장미를 물고 춤을 추겠다고 했습니다. 문구는 같습니다. 사상은 다릅니다.

1   K. Marx, *Lohnarbeit und Kapital,* 1849(최인호 옮김, 『임금노동과 자본』, 『카를 마르크스 프리드리히 엥겔스 저작선집』, 제1권, 박종철출판사, 1993, 555쪽).

2   G. Deleuze & F. Guattari, *Mille Plateaux: Capitalisme et schizophrénie 2,* 1980(김재인 옮김, 『천 개의 고원』, 새물결, 2001, 760~761쪽).

3   K. Marx, 위의 책, 같은 쪽.

4   K. Marx, *Grundrisse der Kritik der politischen Ökonomie,* 1857(김호균 옮김, 『정치경제학 비판 요강』, I, 백의, 2000, 248쪽).

5   K. Marx, 같은 책, 250쪽.

6   "베네치아가 그에 뒤이은 모든 자본주의 국가들의 원형이었다면, 제노바의 상인 은행가 디아스포라는 뒤이은 모든 세계적 규모의 비영토적 자본주의 축적체계의 원형이었다." G. Arrighi, *The Long Twentieth Century: Money, Power, and the Origins of Our Times,* 1994(백승욱 옮김, 『장기 20세기: 화폐, 권력, 그리고 우리 시대의 기원』, 그린비, 2008, 159쪽).

7   F. Braudel, *Civilisation matérielle, économie et capitalism,* Tome II. Les Jeux de l'Échange, 1986(주경철 옮김, 『물질문명과 자본주의』, II-1, 까치, 1996, 458쪽).

8   F. Braudel, 같은 책, 59쪽과 458쪽.

9   K. Marx, 『정치경제학 비판 요강』, I, 215쪽.

10 K Marx, 같은 책, 216쪽.

11 I. Wallerstein, *The Modern World-System I: Capitalist Agriculture and the Origins of the European World-Economy in the Sixteenth Century,*

1974(나종일 외 옮김, 『근대세계체제 I: 자본주의적 농업과 16세기 유럽 세계경제의 기원』, 까치, 2001, 68쪽).

12 I. Wallerstein, 같은 책, 116~120쪽.

13 K. Marx, 김수행 옮김, 『자본론』, III-상, 비봉출판사, 2018, 413쪽(각주 46).

14 K. Marx, 같은 책, 414쪽.

15 K. Marx, 같은 책, 419쪽.

16 K. Marx, 김수행 옮김, 『자본론』, III-하, 비봉출판사, 2018, 763쪽.

17 F. Braudel, *Civilisation matérielle, économie et capitalism,* Tome II. Les Jeux de l'Échange, 1986(주경철 옮김, 『물질문명과 자본주의』, II-1, 까치, 332쪽).

18 F. Braudel, 같은 책, 같은 쪽.

19 F. Braudel, 같은 책, 334쪽.

20 P. Vilar, *Or et monnaie dans l'Histoire: 1450~1920,* 1974(김현일 옮김, 『금과 화폐의 역사 1450~1920』, 까치, 2000, 261쪽).

21 W. Sombart, *Luxus und Kapitalismus,* 1913(이상률 옮김, 『사치와 자본주의』, 문예출판사, 1997, 17~19쪽).

22 고병권, 『화폐, 마법의 사중주』, 그린비, 2005, 97쪽과 142쪽 참조.

23 I. Wallerstein, 위의 책, 245쪽과 246쪽.

24 K. Marx, 김호균 옮김, 『정치경제학 비판 요강』, I, 백의, 2000, 215쪽.

25 K. Marx, *Manifest der Kommunistischen Partei,* 1848(최인호 옮김, 『공산주의당 선언』, 『카를 마르크스 프리드리히 엥겔스 저작선집』, 제1권, 박종철출판사, 1993, 402~403쪽).

26 K. Marx, *Ökonomisch-philosophische Manuskripte aus dem Jahre 1844*(최인호 옮김, 『1844년의 경제학 철학 초고』, 박종철출판사, 1991, 286~287쪽).

27 K. Marx, 같은 책, 286쪽.

28 Lucretius, *De rerum natura*(강대진 옮김, 『사물의 본성에 대하여』, 아카넷, 2011, 91쪽, 137~138쪽). 참고로 마르크스는 '에피쿠로스 철학'에 대해 작성한 네 번째 노트와 여섯 번째 노트에 루크레티우스의 시를 옮겨 적었다. 이 노트들은 1839년에 작성되었다. K. Marx, *Über die Differenz der demokritischen und epikureischen Naturphilosophie*, 1841 (고병권 옮김, 『데모크리토스와 에피쿠로스 자연철학의 차이』, 그린비, 2001의 부록 참조).

29 K. Marx, 『정치경제학 비판 요강』, I, 207쪽.

30 K. Marx, 『정치경제학 비판 요강』, I, 252쪽.

31 F. Engels, 「『자본』 II권에 붙인 서문」, 1885(K. Marx, 김수행 옮김, 『자본론』 II, 비봉출판사, 2016, 22~23쪽).

32 사사키 마사노리(佐々木正憲), 「잉여가치」[마토바 아키히로(的場昭弘) 등, 오석철·이신철 옮김, 『맑스사전』新マルクス學事典, 도서출판b, 2011, 367쪽].

33 사사키 마사노리, 같은 책, 같은 쪽.

34 사사키 마사노리, 같은 책, 같은 쪽.

35 Jean-Pierre Lefebvre, "Survaleur(ou Plus-value)", dirigé par Georges Lavica et Gérard Bensussan, *Dictionnaire Critique du Marxisme*, PUF, 1982, p. 1113.

36 사사키 마사노리, 위의 책, 같은 쪽.

37 K. Marx, 『정치경제학 비판 요강』, I, 323쪽.

38 K. Marx, 『자본론』, III-상, 501쪽.

39 K. Marx, 같은 책, 같은 쪽.

40 Aristoteles, *Politika*, B.C. 4C(천병희 옮김, 『정치학』, 숲, 2009, 40~41쪽).

41 Aristoteles, 같은 책, 44~46쪽.

42 Aristoteles, 같은 책, 49쪽.

43 J. Le Goff, *La bourse et la vie*, 1986(김정희 옮김, 『돈과 구원』, 이학사, 1998, 55쪽에서 재인용).

44 이상의 언급은 모두 J. Le Goff, 같은 책, 39~41쪽에서 재인용한 것이다.

45 J. Le Goff, 같은 책, 53~54쪽.

46 J. Bidet, *Que faire du Capital?*, 1985(박창렬·김석진 옮김, 『『자본』의 경제학 철학 이데올로기』, 새날, 1995, 232쪽).

47 J. Bidet, 같은 책, 233~234쪽.

48 K. Marx, 『자본론』, III-상, 52쪽도 참조.

49 K. Marx, 『자본론』, III-상, 418쪽.

50 고병권, 『화폐, 마법의 사중주』, 그린비, 2005, 100~101쪽.

51 A. Smith, *An Inquiry into the Nature and Causes of the Wealth of Nations*, 1776(김수행 옮김, 『국부론』, 상권, 동아출판사, 1996, 40쪽).

52 A. Smith, 같은 책, 42쪽.

53 D. Ricardo, *On The Principles of Political Economy And Taxation*, 1817(정윤형 옮김, 『정치경제학 및 과세의 원리』, 비봉출판사, 1991, 76쪽).

54 D. Ricardo, 같은 책, 75쪽.

55 D. Ricardo, 같은 책, 106쪽.

56 K. Marx, *Lohn, Preis und Profit,* 1865(김호균 옮김,「임금, 가격 및 이윤」,
『경제학노트』, 이론과실천, 1989, 230쪽). 참고로 이 글은 마르크스가
국제노동자협회[인터내셔널]에서 1865년 6월에 발표한 영어 원고로,
본래 제목은 '가치, 가격, 이윤'(Value, Price and Profit)이었다.

57 K. Marx, 같은 책, 234쪽.

58 T. Hobbes, *Leviathan, or The Matter, Forme and Power of a
CommonWealth Ecclesiastical and Civil,* 1651(한승조 옮김,
『군주론/리바이어던』, 삼성출판사, 1995, 205쪽).

59 F. Braudel, 앞의 책, 59쪽.

60 고용노동부 근로기준정책과,〈임금체불현황〉(2017년 말 기준).
〈http://www.moel.go.kr/info/publict/publictDataView.do?bbs_s
eq=20180300376〉.

61 F. Nietzsche, "Von den Gelehrten", *Also Sprach Zarathustra,* 1885
(정동호 옮김,『차라투스트라는 이렇게 말했다』, 책세상, 2000, 208쪽).

62 F. Nietzsche, "Zarathustra's Vorrede", #4, *Also Sprach Zarathustra,*
1885(정동호 옮김,『차라투스트라는 이렇게 말했다』, 책세상, 2000, 22쪽,
번역은 수정).

63 F. Engels,「『자본』 II권에 붙인 서문」, 1884(김수행 옮김,『자본론』,
II권, 비봉출판사, 2016, 17~18쪽에서 재인용).

64 A. Smith,『국부론』, 54쪽.

65 A. Smith, 같은 책, 72쪽.

66 K. Marx, *Theorien über den Mehrwert,* 1861~1863(편집부 옮김,
『잉여가치학설사』, 아침, 1991, 95쪽).

67 A. Smith,『국부론』, 55쪽.

68 D. Ricardo, 『정치경제학 및 과세의 원리』, 162쪽.

69 K. Marx, 『잉여가치학설사』, 96쪽.

70 D. Ricardo, 위의 책, 179~180쪽.

71 D. Ricardo, 같은 책, 203쪽.

72 K. Marx, "Ricardos Theorie über den Mehrwert", 1861~1863, MEW
    26_2, 408쪽.

73 K. Marx, 『잉여가치학설사』, 95~96쪽.

74 Lynn Hunt, *Inventing Human Rights*, 2007(전진성 옮김, 『인권의 발명』,
    돌베개, 2009, 130쪽).

75 K. Marx, "Zur Judenfrage", 1843(전태국 외 옮김, 「유태인 문제에
    대하여」, 『마르크스의 초기 저작: 비판과 언론』, 열음사, 1996).

76 K. Marx, 같은 책, 355쪽.

77 '폭력을 예감'한다는 표현은 도미야마 이치로(富山一郎),
    송석원·손지연·김우자 옮김, 『폭력의 예감』, 그린비, 2009의
    제목에서 따온 것이다.

78 G. Simmel, *Philosophie des Geldes*, 1900(안준섭·장영배·조희연 옮김,
    『돈의 철학』, 한길사, 1983, 306~323쪽).

79 S. Žižek, *Did Somebody Say Totalitarianism?*, 2001(한보희 옮김,
    『전체주의가 어쨌다구?』, 새물결, 2008, 70~71쪽).

80 S. Žižek, 같은 책, 72쪽.

81 S. Žižek, 같은 책, 73쪽.

82 Gérard Bensussan, "Force de travail", dirigé par Georges Lavica et
    Gérard Bensussan, *Dictionnaire Critique du Marxisme*, PUF, 1982, pp.
    473~474.

83 F. Engels, (『임금노동과 자본』*Lohnarbeit und Kapital* 독일어판에 붙인)
    「서설」, 1891(최인호 옮김, 『카를 마르크스 프리드리히 엥겔스 저작선집』,
    제1권, 박종철출판사, 1993, 536쪽). 참고로 『임금노동과 자본』은
    마르크스가 1847년 브뤼셀노동자협회에서 강연한 내용을 바탕으로
    한 것으로 1849년 『신라인신문』에 공식 연재되었고 1891년
    독일어판이 정식 출간되었다.

84 K. Marx, 『정치경제학 비판 요강』, I, 266쪽.

85 K. Marx, 같은 책, 277쪽[번역본에서는 '노동'(Arbeit)을 '노동력'으로
    잘못 옮겼다].

86 K. Marx, 같은 책, 312쪽.

87 K. Marx, 같은 책, 330쪽.

88 G. W. F. Hegel, *Grundlinien der Philosophie des Rechts,* 1820(임석진
    옮김, 『법철학』, 지식산업사, 1996, 34~35쪽).

89 K. Marx, *Der 18te Brumaire des Louis Napoleon,* 1852(최인호 옮김,
    『루이 보나파르트의 브뤼메르 18일』, 『카를 마르크스 프리드리히 엥겔스
    저작선집』, 제2권, 박종철출판사, 2008, 291쪽).

90 K. Marx, *Die Klassenkäpfe in Frankreich 1848 bis 1850,* 1850(최인호
    옮김, 『프랑스에서의 계급투쟁』, 『카를 마르크스 프리드리히 엥겔스
    저작선집』, 제2권, 박종철출판사, 2008, 5쪽).

〈북클럽『자본』〉 Das Buch Das Kapital

4──성부와 성자─자본은 어떻게 자본이 되는가

지은이   고병권
2019년 2월 27일 초판 1쇄 발행
2021년 6월 7일 초판 3쇄 발행

책임편집   남미은
기획·편집   선완규·김창한·윤혜인
디자인   심우진 simwujin@gmail.com
활자   「Sandoll 정체」 530, 530i, 630
펴낸곳   천년의상상
등록   2012년 2월 14일   제2020-000078호
전화   (031) 8004-0272
이메일   imagine1000@naver.com
블로그   blog.naver.com/imagine1000

ⓒ고병권, 2019

ISBN 979-11-85811-81-9 04100
      979-11-85811-58-1 (세트)